Les 39 marches

ŒUVRES PRINCIPALES

Les 39 marches
L'homme au manteau vert
Mr Standfast
Les trois otages
Le camp du matin
Le coin du voile
Les aventures de Richard Hannay
La centrale d'énergie
Le collier du prêtre Jean
Le vingt-sixième rêve

John Buchan

Les 39 marches

Traduit de l'anglais
par Magdeleine Paz

Préface de Boileau-Narcejac

Texte intégral

PRÉFACE
DE LA PREMIÈRE ÉDITION

Las des excès du roman criminel, le lecteur d'aujourd'hui retrouve avec une joie d'enfant, dans l'œuvre de John Buchan, les émotions que lui procura, jadis, Arsène Lupin. Il en vient très vite à penser que Buchan a été une sorte de Maurice Leblanc anglais. Et ce n'est point là une comparaison faite à la légère.

John Buchan est né à Perth, le 26 août 1875. Il est un écrivain de la Belle Époque, comme Wells, Conan Doyle, comme Leblanc et Leroux. Car il y a eu une Belle Époque du romanesque : les romanciers d'imagination furent les premiers à comprendre qu'un monde nouveau s'ouvrait à l'homme, grâce au paquebot, à l'automobile, à l'avion. D'un coup, l'aventure changeait de visage. Le héros devenait une sorte de pionnier, disposant de tous les moyens de la science, maîtrisant l'espace sans effort. L'action passait du stade artisanal au stade moderne ; Robin des Bois cédait le pas à Richard Hannay en Angleterre, à Arsène Lupin en France. Mais, comme l'ère nouvelle était celle des grands conflits, comme la Grande Guerre se laissait déjà pressentir, l'aventure ne pouvait pas ne pas être historique. Et, de même que Lupin force le Kaiser à venir lui rendre visite à la Santé, de même Richard Hannay, le personnage préféré de Buchan, se battra pour sauver la paix.

On ne comprendrait rien à John Buchan si l'on ne voyait clairement qu'il a été le témoin de la conquête de la Terre par la science, exactement comme nous sommes, en 1962, les témoins de la conquête de l'univers. Ce sont les problèmes et les angoisses d'un Anglais cultivé de 1910 qu'il a projetés dans ses livres. N'oublions pas que Buchan est sorti d'Oxford, qu'il a été successivement avocat, éditeur et membre du Parlement. Puis il entra dans la diplomatie et mourut, en 1940, gouverneur général du Canada. On peut donc avancer, sans trop d'erreur, que les clés

7

qui nous ouvrent l'œuvre de Leblanc nous ouvrent aussi celle de
Buchan.

Mais le romanesque anglais, fortement influencé par Walter
Scott, diffère profondément du romanesque français, dominé par
Alexandre Dumas. Son trait le plus marquant est le fair play,
mélange curieux d'esprit chevaleresque et d'esprit sportif. Le
romanesque n'étant, au fond, que le conflit du Bien et du Mal au
niveau de l'imaginaire, le Mal, pour un Anglais, doit être vaincu
avec les seules armes du Bien. Il n'y a que les coups permis pour
parer les coups défendus. C'est pourquoi le héros anglais est toujours un personnage malheureux, affligé, réduit à la défensive
jusqu'à la dernière bataille où il triomphe. Mais s'il gagne, c'est
parce qu'il est le plus énergique et non pas le plus intelligent.
L'intelligence, pour un jeune Anglais, est le privilège du Malin,
car le mal est plus ou moins diabolique : il prend le visage du
Pr Moriarty ou le masque de Fu-Man-Chu. Il agit souvent d'une
manière presque surnaturelle, en utilisant des forces occultes.
L'Orient s'est vengé de la domination anglaise par la théosophie
qui s'accorde si bien avec les superstitions des insulaires. Bref, le
héros anglais, entouré de périls, n'a que sa foi pour survivre,
c'est-à-dire son patriotisme.

Buchan, plus qu'un autre, sentira tout cela et l'exprimera fortement, avec une spontanéité et une fraîcheur d'adolescent. Il
écrit d'ailleurs pour le grand public, celui qui aime le mélodrame,
les duels, les noirs complots. Depuis vingt ans, le roman policier
a pris conscience de lui-même, s'est donné des lois et des limites,
a formé des lecteurs avertis, difficiles. Buchan est un précurseur,
ce qu'on ne doit jamais perdre de vue. Il ne s'enferme dans aucun
genre déterminé. Il veut amuser et plaire, avant tout. Ses livres
sont à la fois des romans d'espionnage, des romans policiers, des
romans d'aventures et d'action. Il faut les accepter en bloc. « Dès
que j'entends conter une histoire, dit un personnage des Trente-
neuf Marches, je suis tout oreilles, comme un gosse. » À nous de
savoir être des gosses !

L'œuvre de John Buchan est considérable. Ses romans les plus
connus sont : Les Trente-neuf Marches (porté à l'écran par
Hitchcock), L'Homme au manteau vert, Mr Standfast, Les trois
otages, Le Camp du matin, Le coin du voile, mais il a écrit plus
de trente romans d'aventures, tous célèbres en Angleterre. Ses personnages préférés sont Richard Hannay, l'agent secret, Dixon
Mac Cunn, commerçant écossais en retraite, et sir Edward Lei-
ther, avocat de grand talent. Ce sont des personnages qui retien-

8

nent le lecteur parce qu'ils sont réels, au même titre que Maigret. Ils s'installent chez vous, ils sont de vos familiers, ils bourrent leur pipe au coin du feu. On les aime. C'est tout le secret de Buchan. Richard Hannay, Dick pour ses amis, est un homme simple, humain, sensible, tout le contraire d'un héros de feuilleton. Comme Maigret, il est « quotidien », à l'aise dans ses habitudes, homme d'intérieur, épris de calme et de confort. Il s'est beaucoup battu, certes. Il a beaucoup voyagé aussi. Mais par nécessité plus que par inclination. Et parce qu'il est écossais, il a toujours gardé la tête froide et ne s'est jamais pris pour un surhomme. Au contraire, il sait bien qu'il n'a pas toujours été à la hauteur des événements ; il le dit d'ailleurs gentiment, avec humour. Autant Lupin est un être hors série, un héros de théâtre, l'aventurier de légende, autant Richard Hannay est le premier venu. Lupin provoque l'événement, mais c'est l'événement qui vient chasser Hannay de son home et le jette sur les routes. Hannay est d'abord un homme vrai, beaucoup plus près du colonel Bramble que du major Thompson. Et c'est parce qu'il est intensément vrai que ses aventures, toujours extraordinaires, restent vraisemblables.

Pour qui les regarde de près, elles sont incroyables. Tout ce qu'un romancier s'interdirait aujourd'hui : coïncidences trop voulues, rebondissements trop prévisibles, maisons truquées, ressorts dramatiques usés, Buchan se l'accorde avec un sourire désarmant. Mais c'est lui qui a raison. En France, nous avons oublié l'art du conte. Nous voulons des intrigues impeccables, agencées comme des mouvements d'horlogerie. Et tant pis si les personnages deviennent à leur tour des mécaniques mues par la seule logique des passions. Buchan a compris, lui, que Perrault est toujours possible, à condition que le lecteur se mette dans la peau du Petit Poucet.

Buchan est un conteur bien plus qu'un romancier. Et un conte bien mené est à l'opposé d'un roman. Un conte, c'est une série d'épreuves imposées à un homme de bonne volonté. Hannay, ou l'Anglais moyen, passe sans cesse son examen de loyal sujet. Pour le service du roi, le voilà obligé, au jour le jour, de se mesurer avec des dangers terribles. Il ne sait pas où il va ni comment tout cela finira. Mais avec la résignation, le courage de l'empirisme du tommy en campagne, il court au plus pressé, se débrouille comme il peut, et s'en tire tant bien que mal. Hannay, malgré son grade et ses décorations, n'est jamais brillant. Il est seulement obstiné. C'est un combattant au finish. Et le récit s'achève quand l'adversaire, écœuré, abandonne.

*Est-ce à dire que les histoires de Buchan sont mal composées ?
Bien loin de là ! Elles sont, au contraire, d'une structure évidente
et simple. Par exemple :* Les Trois Otages, *malgré le fourmille-
ment du détail, sont un récit qui se laisse embrasser d'un coup
d'œil. Un problème est posé : pourquoi a-t-on enlevé trois otages
et où les cache-t-on ? La solution est donnée dans une sorte de
comptine (procédé qui sera si souvent repris par Agatha Chris-
tie).*

Sous le soleil de minuit où les moissons tardives sont clair-
semées... etc., *Hannay, une fois de plus arraché à ses livres et à
son jardin, va, en tâtonnant, résoudre le problème et délivrer successivement les trois prisonniers. Mais son ennemi Medina, le
génie du mal, ne se laissera pas réduire sans marquer des points.
Medina est un Oriental, une espèce de super Gurdjieff, qui veut
dominer le monde par l'esprit. Il hypnotise ses victimes et les
transforme en robots. Soit. Un Latin n'aime guère ce recours à
l'irrationnel. C'est qu'un Latin oublie toujours que le roman noir
a pris naissance aux bords de la Tamise. Medina est d'ailleurs
bien amusant. Ce dandy théosophe appartient au romancero britannique ; il est de tradition et, à ce titre, indispensable ! Il
incarne le diable, le monde extérieur, les forces obscures qui ont
toujours menacé l'île sacrée. C'est grâce à lui que Richard Hannay acquiert tant de mérites.*

*Mais ce qui fait le charme de ces contes est ailleurs. Buchan
est un écrivain-né. Non par le style. Il est trop bien élevé. Il sait
que la véritable élégance est un mélange subtil de modestie, de
simplicité et de familiarité. Il écrit donc comme on parle, quand
on parle bien. Son style va vite, toujours clair, toujours direct,
mais délicatement orné. Ce qui est original, chez lui, c'est le ton.
L'homme apparaît, comme il se doit, sous le conteur. Un homme
fin, spirituel, de bonne compagnie. Comme nous voilà loin de
Peter Cheyney ou de Hardley Chase ! Et l'homme sait flâner, sans
laisser son récit piétiner. Buchan aime la pêche et la chasse. Il le
dit. Il note, au passage, les couleurs, les odeurs. Il évoque les pay-
sages d'Écosse, les landes balayées par le vent, les montagnes
lointaines, le bruit menu et poignant du silence et de la solitude.
Il y a de la sensualité dans la phrase. Buchan est de la même race
qu'un Maurice Genevoix. Hannay s'entendrait à merveille avec
Raboliot. Et, parfois, la chasse à l'homme, avec la complicité de
la nature, reprend un ton âpre et terrible. Buchan ne manque pas
de force, quand il veut faire peur. Les sentiments, chez lui, sont
toujours nobles sans affectation, forts sans violence, tendres sans
mièvrerie. La méchanceté l'indigne sincèrement, même celle qu'il*

a créée pour notre plaisir. Enfin, il triomphe avec mesure. Son héros n'est pas un justicier, mais un citoyen respectueux des lois. Jamais le roman d'aventures n'a été mieux tenu en main, mieux gardé des outrances que par Buchan. Voilà bien des titres à la gloire !

Buchan, cependant, n'est pas un auteur d'autrefois, qu'on salue avant de refermer sur lui la porte de l'histoire. Il reste actuel par certains traits qu'il n'a pas soupçonnés. Son coup d'œil est si vif, il a tellement le sens du décor, il possède si bien l'art du plan, qu'il est, à son insu, un merveilleux scénariste. Et Hitchcock ne s'y est pas trompé, quand il a adapté Les Trente-neuf Marches. Une foule de tableaux, chez Buchan, sont du cinéma pur. Celui-ci par exemple : Hannay est traqué sur la lande par un avion. Pas une cachette en vue. Le plateau, jusqu'à l'infini des montagnes. Est-ce que cette scène n'a pas inspiré Hitchcock dans La Mort aux trousses ? Et quel metteur en scène tournera l'admirable finale des Trois Otages ? Non seulement ce passage est un très beau morceau d'anthologie, mais c'est déjà un découpage techniquement parfait. Hannay et Medina sont face à face, dans un canton désert de l'Écosse. Ils se guettent, dans une sorte de duel à l'américaine. Chacun d'eux est un merveilleux tireur : la première balle fera mouche. Ils se traquent patiemment, surveillent tous les signes de l'herbe et du vent. On a vu quelque chose d'analogue, mais de moins puissant, dans Les Chasses du comte Zaroff. Ici, le suspense est poussé jusqu'au spasme de terreur. Et le dénouement est, encore une fois, humain, car il n'y a nulle cruauté chez Buchan.

Il montre la même habileté dans ses peintures de la ville. Sa description d'un club très fermé a inspiré peut-être les scénaristes du Tour du monde en 80 jours. Et ses bouges se retrouvent dans L'Opéra de quat' sous comme dans Le Maudit. D'ailleurs, Buchan serait-il Buchan s'il n'avait, çà et là, toléré un peu de fantastique ? À l'heure de la télévision, Buchan garde autant de chances qu'un auteur d'avant-garde. Et si David Copperfield fait merveille au petit écran, est-il excessif de penser que les aventures de Richard Hannay sont encore capables d'émouvoir les foules ?

Héritier de Stevenson, de Dickens et de Kipling, John Buchan n'a pas d'équivalent en France. Leblanc et Leroux ont créé des personnages mythologiques. Buchan a créé des types. Leblanc et Leroux ont développé des thèmes romanesques issus d'une tradition littéraire. Buchan a exprimé ce qu'il y a de plus profond dans le tempérament anglais. Auteur facile, conteur plaisant, amuseur *si l'on veut, il plonge cependant ses racines jusqu'au fond d'un terroir qui a nourri les œuvres les plus marquantes des lettres anglaises. On ne peut le séparer des écrivains du premier rang. Heureux pays où le talent, pourvu qu'il soit alimenté par une forte tradition, plaît à la fois aux doctes et aux simples ! Il a suffi à John Buchan d'être Anglais pour survivre !*

BOILEAU-NARCEJAC.

1

L'homme qui était mort

Quand je sortis de la City, aux environs de trois heures, par cet après-midi de mai, j'étais passablement dégoûté de la vie. J'étais en Angleterre depuis trois mois, et j'en avais déjà par-dessus la tête. Quiconque me l'eût prédit, un an auparavant, je n'aurais pas manqué de lui rire au nez, et pourtant le fait était là. Le climat n'était pas bon pour mon foie et me rendait morose, la conversation de l'Anglais moyen m'écœurait, je manquais d'exercice et les distractions de Londres avaient pour moi la fadeur de l'eau tiède. « Richard Hannay, me disais-je, tu es en train de faire fausse route, tu ferais mieux d'en sortir tout de suite. »

Ah ! ils étaient loin, les beaux projets que j'avais échafaudés là-bas, à Buluwayo ! J'avais accumulé une assez jolie somme – pas une fortune colossale, certes, mais je n'en demandais pas plus – et je ne cherchais plus que les moyens de m'amuser et de mener la bonne vie. J'avais quitté l'Écosse à l'âge de six ans avec mon père et je n'y étais jamais retourné depuis, de sorte que l'Angleterre était un peu pour moi le pays des Mille et Une Nuits ; j'avais donc résolu d'y passer le reste de mes jours.

Mais, dès le début, je fus déçu. Au bout d'une semaine, j'étais fatigué de la visite des monuments, des parcs, des musées et autres lieux publics, et en un mois j'avais épuisé toutes les joies des théâtres, des restaurants et des champs de courses. Peut-être était-ce l'absence d'un bon camarade qui expliquait cet état d'esprit. J'étais, certes, comblé d'invitations mais les gens ne paraissaient guère s'intéresser à moi. On me posait une ou deux questions sur l'Afrique du

Sud, et l'on passait à autre chose sans même écouter la réponse. Des dames attachées à la cause de l'Empire me conviaient à prendre le thé pour me faire rencontrer des instituteurs de la Nouvelle-Zélande et des éditeurs de Vancouver ; c'était encore ce qu'il y avait de moins sinistre. Et voilà ! À trente-sept ans, ayant bon pied bon œil, pourvu d'une fortune suffisante pour ne songer qu'à me distraire, je bâillais toute la journée à me décrocher la mâchoire. J'étais donc décidé à mettre un point final à mon séjour et à repartir vers le veld, car dans tout le Royaume-Uni, on n'eût trouvé personne qui s'ennuyât autant que moi.

Cet après-midi-là, j'étais allé chez mon agent de change afin de le consulter sur des placements, et, au moins, m'occuper l'esprit. Sur le chemin du retour, je passai à mon club – une espèce de taverne, plutôt qu'un club – où se rassemblaient les coloniaux. J'y pris un verre et parcourus les journaux du soir. Il n'y était question que des troubles fomentés dans le Proche-Orient, et je lus un article sur le Premier ministre de Grèce, Karolidès. Un personnage qui semblait séduisant, un homme de valeur, disait-on, et qui jouait franc-jeu, ce qu'on n'aurait pas pu dire des autres. Je m'étais laissé dire qu'il était l'objet de la haine de Berlin et de Vienne, mais que nous l'appuierions à fond, car il était, selon les termes d'un journaliste, « l'ultime rempart qui pût encore protéger l'Europe de la guerre ». Je me souviens même qu'à cette lecture une idée assez curieuse me passa par la tête : ne pourrais-je trouver là-bas de quoi m'occuper ? L'Albanie, par exemple, me paraissait le pays rêvé pour empêcher un homme de bâiller.

Je retournai chez moi vers six heures, m'habillai, dînai au Café Royal, et me rendis dans le premier music-hall venu. Le spectacle était morne et bête : des femmes qui se trémoussaient, des hommes à figure simiesque ; c'était plus que mes nerfs n'en pouvaient supporter. La nuit était douce, le ciel clair, et je regagnai à pied l'appartement que j'avais loué près de Portland Place. La foule que je croisais sur les trottoirs était bruyante et affairée : heureuses gens, qui avaient quelque chose à faire ! Ces vendeuses, ces employés, ces policemen et ces dandys avaient au moins un but, ils avaient un intérêt dans la vie ! Je donnai une demi-couronne à un mendiant que je vis bâiller : c'était un camarade de misère. Arrivé à Oxford Circus, je tournai mon regard vers le ciel et fis un vœu : si, d'ici vingt-quatre heures, le Vieux Pays ne m'avait pas offert une activité, un emploi quelconque, eh bien, les dés seraient jetés, je prendrais le premier bateau en partance pour Le Cap.

Mon appartement se trouvait au premier étage d'un immeuble neuf, situé derrière Langham Place, qui comportait un escalier, un portier et un liftier communs à tous les locataires, mais pas de restaurant ni aucun service de ce genre ; chaque appartement était complètement séparé des autres. Comme je ne supportais pas d'avoir des domestiques à demeure, je me contentais d'un valet de chambre qui arrivait le matin avant huit heures et partait le soir à sept heures, car je ne dînais jamais chez moi.

J'étais en train d'introduire ma clé dans la serrure quand je m'aperçus qu'un homme se tenait juste derrière moi. Je ne l'avais pas vu s'approcher et cette apparition soudaine arrêta mon geste. C'était un homme extrêmement mince, avec une courte barbe brune et de petits yeux bleus très perçants. Je le reconnus : c'était le locataire d'un appartement situé au dernier étage ; je l'avais très souvent croisé dans l'escalier.

– Puis-je vous parler ? demanda-t-il. Me permettez-vous d'entrer un instant ?

Sa main s'était accrochée à mon bras, et il faisait visiblement un effort pour affermir sa voix. J'ouvris la porte et lui fis signe d'entrer. À peine en eut-il franchi le seuil qu'il se précipita vers la pièce du fond, qui me servait à la fois de fumoir et de bureau. Puis il revint sur ses pas, toujours courant.

– La porte est-elle fermée à clé ? interrogea-t-il fiévreusement, en allant mettre lui-même la chaîne de sûreté. Je m'excuse, dit-il humblement, c'est vraiment bien hardi de ma part, mais vous êtes de ceux qui peuvent comprendre. J'ai pensé à vous toute la semaine... depuis que les choses ont commencé à mal tourner. Dites, voulez-vous me rendre un grand service ?

– Je ne puis vous promettre qu'une chose, c'est de vous écouter.

Les façons de cet agité commençaient à m'inquiéter.

Un plateau chargé de verres et de bouteilles était disposé sur la table, à côté de lui ; il se servit un *whisky and soda* qu'il avala en trois gorgées, et reposa le verre si brutalement qu'il se cassa.

– Pardon, je suis un peu nerveux, ce soir. Seulement, voilà : en ce moment, je suis mort.

Je m'installai dans un fauteuil et allumai ma pipe.

– Quel effet cela fait-il ? lui demandai-je, tout à fait sûr que j'avais affaire à un fou.

Un sourire s'ébaucha sur son visage aux traits tirés :

– Je ne suis pas fou. Pas encore... Écoutez, monsieur, voilà quelque temps que je vous observe, et je crois que vous êtes un type assez froid. Je crois aussi que vous êtes un honnête homme, et qui n'a pas peur de grand-chose. Je vais me confier à vous. J'ai besoin d'être aidé plus qu'aucun homme au monde, et je voudrais savoir si je puis compter sur vous.

– Racontez d'abord votre histoire, je verrai ensuite.

Il parut faire un effort terrible pour rassembler ses esprits et entama le plus étrange et le plus confus des récits. À tel point que je dus l'interrompre pour lui poser quelques questions, car je n'en saisissais pas bien le sens. Mais en voici l'essentiel : c'était un Américain du Kentucky qui, ses études terminées, était parti courir le monde, car il avait de la fortune. Doué d'un certain talent d'écrivain, il avait été correspondant de guerre d'un journal de Chicago et avait passé un an ou deux dans le sud de l'Europe orientale. Il parlait plusieurs langues et connaissait fort bien la société de ces régions. Certaines personnalités dont j'avais lu le nom dans les journaux avaient été de ses familiers.

Il avait fait de la politique, d'abord par goût, ensuite parce qu'il ne pouvait plus s'en empêcher. Pour autant que j'en pus juger, c'était un garçon à l'esprit aigu, mais agité, qui voulait toujours aller jusqu'à la racine des choses. Il se trouva donc engagé plus loin qu'il ne l'avait prévu. Je vous livre ce résumé pour ce qu'il vaut, c'est-à-dire pour ce que j'en pus comprendre. Selon lui, il existait, derrière tous les gouvernements et leurs armées, un vaste mouvement souterrain, dirigé par des gens extrêmement dangereux. Il l'avait découvert par hasard, cela l'avait fasciné, il avait voulu en savoir davantage – et avait été pris au piège. Toujours d'après lui, la plupart des gens qui faisaient partie de ce mouvement étaient de ces anarchistes cultivés qui font les révolutions, mais à côté d'eux, il y avait des financiers qui jouaient le même jeu dans le seul but de s'enrichir. Un homme intelligent peut tirer de gros profits quand le marché est à la

16

baisse, et ceux-ci avaient un intérêt commun à la ruine de l'Europe.

Il m'éclaira sur certaines choses qui m'avaient intrigué pendant la guerre des Balkans, et m'expliqua la raison de la montée en flèche d'un certain État, de la formation et de la rupture des alliances, de la disparition de certains hommes, et des causes secrètes de la guerre. Le but de la conspiration présente était de créer un conflit entre la Russie et l'Allemagne.

Quand je voulus savoir pourquoi, il répondit que les anarchistes voyaient là le moyen de trouver leur chance : à la faveur de la confusion générale, un monde nouveau émergerait. Quant aux capitalistes, ils édifieraient des fortunes sur les ruines.

– Le capital, dit-il, n'a ni conscience ni patrie. Fort heureusement, mes amis n'ont pas joué leur dernière carte, à beaucoup près ; ils gardent l'atout dans leur manche, et si je peux rester en vie pendant un mois encore, ils le sortiront et ils gagneront.

– Mais je croyais que vous étiez mort ?

– *Mors janua vitæ*, fit-il en souriant (je reconnus la citation ; c'était à peu près tout ce que je savais de latin). J'y viens, mais il fallait d'abord vous mettre au courant de certaines choses. Si vous lisez les journaux, vous connaissez sûrement le nom de Constantin Karolidès ?

– Certes !

Je venais de lire cet article le concernant.

– Il s'est mis en travers de leur route. C'est l'homme le plus intelligent sur la scène internationale, et, de surcroît, il est honnête. J'ai découvert que depuis douze mois ils cherchent à avoir sa peau – il ne fallait d'ailleurs pas être très malin pour s'en apercevoir. Mais ce que j'ai trouvé d'intéressant, c'est le moyen qu'ils emploieront. Or, la détention de ce secret, c'est une condamnation à mort. C'est pourquoi il fallait que je meure. (Il avala un second verre de whisky que je lui préparai moi-même, car le gars commençait à m'intéresser.) Karolidès, ils ne l'auront jamais dans son pays, reprit-il, car il est gardé par des Épirotes capables d'écorcher leurs grand-mères toutes vives. Mais il doit venir à Londres le 15 juin. Le Foreign Office a pris l'habitude d'organiser des réunions internationales, et la plus importante aura lieu à cette date ; Karolidès y sera l'invité d'honneur, et il risque bien de ne jamais retourner dans son pays.

– Il est cependant assez simple de le prévenir de rester chez lui.

– Alors, jouer leur jeu ? S'il ne vient pas, ce sont ses ennemis qui gagnent, car c'est le seul homme capable d'arranger les choses. Si son gouvernement est prévenu, il ne viendra pas, car il ignore l'importance de ce qui sera en jeu le 15 juin.

– Et le gouvernement britannique, qu'est-ce que vous en faites ? Il ne va tout de même pas laisser assassiner ses hôtes ! Passez-lui le tuyau, et il redoublera de précautions.

– Cela ne servirait à rien. Il peut remplir cette ville de détectives en civil et doubler les forces de police, Constantin sera malgré tout un homme condamné. Croyez bien que ces gens-là ne jouent pas le jeu pour le plaisir. Ils veulent une occasion solennelle, où les yeux de l'Europe tout entière seront fixés sur l'événement. Il sera assassiné par un Autrichien, et aucune preuve ne manquera pour établir la connivence de personnages haut placés à Vienne et à Berlin. Ce sera un mensonge infernal, mais tout le monde y croira. Sachez bien, mon ami, que je ne parle pas en l'air. Je connais par le menu tous les détails de l'horrible machination, et j'aime autant vous dire que c'est la pire affaire de meurtre et de chantage qui ait été commise depuis les Borgia. Par contre, si un certain individu se trouve encore vivant ici à Londres le 15 juin, le crime ne sera pas perpétré. Et cet individu n'est autre que votre serviteur, Franklin P. Scudder.

Décidément, ce petit bonhomme me plaisait. Ses mâchoires s'étaient abaissées comme un piège à rat, et le feu des batailles brillait dans ses petits yeux perçants. S'il me racontait un roman, il y croyait ferme et était capable, à coup sûr, d'y consacrer sa vie.

Je lui demandai où et comment il avait fait ses découvertes.

– Pour commencer, j'en ai eu vent dans une auberge du Tyrol. Cela m'a poussé à faire une enquête. Mes autres indications, je les ai recueillies dans une boutique de fourreur située dans le quartier galicien de Budapest, au Club des Étrangers, à Vienne, et dans une petite librairie de la Racknitzstrasse à Leipzig. Les dernières preuves, je les ai réunies à Paris il y a dix jours. Je ne puis vous en donner maintenant tous les détails, car c'est toute une histoire. Une fois mes certitudes bien établies et ma décision prise, j'ai jugé opportun de disparaître, et je suis arrivé ici par un circuit plutôt bizarre. Quand j'ai quitté Paris, j'étais un jeune et élégant Américain très francisé ; j'ai pris le bateau à Hambourg sous le déguisement d'un diamantaire juif. Une fois en Norvège, je suis devenu un spécialiste anglais d'Ibsen, rassemblant de la documentation pour ses conférences ; mais en quittant Bergen, j'étais un cinéaste venu tourner des films sur le ski. De Leith, je suis passé ici, apportant des échantillons de pâte à papier plein mes poches pour les présenter aux journaux de Londres. Hier encore, je pensais avoir convenablement brouillé ma trace et me sentais assez soulagé. Et voilà que... (quelque inquiétant souvenir parut le bouleverser et, pour se soutenir sans doute, il avala encore une énorme lampée de whisky)... et voilà que j'ai vu un homme qui faisait le guet dans la rue devant l'immeuble. D'habitude, je reste enfermé toute la journée dans ma chambre, et n'en sors qu'à la nuit pour une heure ou deux. Je l'ai observé de ma fenêtre et crois l'avoir reconnu... Il est entré et a parlé au portier... La nuit dernière, en rentrant de ma petite promenade, j'ai trouvé une carte dans ma boîte aux lettres. Elle portait le nom de l'homme que je serais le plus épouvanté de rencontrer sur terre.

Rien qu'à son regard de bête traquée, à la terreur inscrite sur son visage, on ne pouvait douter qu'il fût sincère. Je lui demandai ce qu'il comptait faire.

– J'ai aussitôt compris que j'étais fait comme un rat, et qu'il ne me restait qu'un moyen d'en sortir : je devais mourir. En apprenant que je suis mort, ceux qui sont à mes trousses pourront de nouveau dormir tranquilles.

– Mais comment vous y êtes-vous pris ?

– J'ai commencé par dire au garçon qui fait mon ménage que je me sentais au plus mal et je me suis fabriqué une mine de déterré. Ce n'était pas très difficile : je suis assez fort dans l'art du grimage. Ensuite, je me suis procuré un cadavre, ce qui n'est pas non plus sorcier : ce genre d'article se trouve à Londres, quand on sait où aller. Je l'ai fourré dans une malle et l'ai ramené ici dans une charrette à bras, mais, par exemple, j'ai dû me faire aider pour le monter là-haut. Et puis je me suis mis au lit en priant mon valet de me préparer un somnifère et de s'en aller pour me laisser dormir tranquille. Il voulait faire venir un médecin, mais je me suis fâché en lui disant que je ne supportais pas les sangsues. Une fois seul, je me suis mis en devoir d'organiser ma mise en scène. Le cadavre était de ma taille, et c'était, j'imagine, l'abus de l'alcool qui l'avait fait périr : j'ai donc mis bien en évidence des tas de bouteilles de liqueurs fortes. Comme la mâchoire était le seul point de dissemblance entre nous deux, je la lui ai fracassée avec un revolver. Sans doute se trouvera-t-il demain quelqu'un qui jurera avoir entendu un coup de revolver, mais je n'ai pas de voisins de palier, et j'ai pensé pouvoir courir ce risque. J'ai donc laissé le cadavre dans mon lit, revêtu de mon pyjama, un revolver à côté de lui, et toute la chambre sens dessus dessous. Je me suis habillé d'un complet que je gardais en réserve en cas de nécessité ; je n'ai pas osé me raser, de peur de laisser des traces, et au surplus, je n'avais pas l'intention de me montrer dans la rue... J'avais pensé à vous toute la journée, songeant que mon seul recours était de faire appel à vous. Je vous ai guetté par la fenêtre, et dès que je vous ai vu rentrer, je me suis glissé dans l'escalier pour vous y rejoindre... Et maintenant, monsieur, je pense que vous en savez autant que moi sur cette affaire.

Tremblant de tout son corps, clignant des yeux comme une chouette, il avait l'air désespérément résolu. J'étais tout à fait convaincu de sa sincérité. Bien sûr, son histoire était abracadabrante, mais j'en avais entendu de moins plausibles qui par la suite s'étaient révélées vraies, et je m'étais fait une règle de juger les hommes plutôt que leurs histoires. S'il avait eu l'intention de s'installer chez moi pour me couper la gorge, il aurait inventé un roman un peu moins compliqué.

– Donnez-moi votre clé, lui dis-je, je vais aller jeter un coup d'œil sur ce cadavre. Excusez ma prudence mais il est de mon devoir de procéder à toute vérification possible.

Il eut, en secouant la tête, une expression lugubre :

– Je m'attendais à cette demande, mais je n'ai plus ma clé. Elle est restée sur la coiffeuse. J'étais bien obligé de la laisser si je ne voulais pas éveiller les soupçons. Ceux qui s'acharnent après moi ne sont pas tombés de la dernière pluie. Faites-moi confiance pour cette nuit ; demain, vous aurez suffisamment de preuves de l'existence du cadavre.

Je pris quelques instants de réflexion :

– Bon. Je vous fais confiance pour la nuit. Je vais vous enfermer dans cette pièce et je garderai la clé. Pourtant, un mot encore, monsieur Scudder : je vous crois sincère, mais je vous avertis qu'au cas où vous ne le seriez pas, je suis armé et bon tireur.

– D'accord ! s'écria-t-il en se mettant debout. Monsieur, je n'ai pas le plaisir de connaître votre nom, mais laissez-moi vous dire que vous êtes un chic type. Pourriez-vous me rendre le service de me prêter un rasoir ?

Je le conduisis dans ma chambre, et, au bout d'une demi-heure, j'en vis sortir un personnage méconnaissable. Seuls ses petits yeux fureteurs n'avaient pas changé. Il était rasé de frais, ses cheveux étaient séparés en leur milieu par une raie, ses sourcils avaient disparu. Figé au garde-à-vous, droit comme un I, c'était, avec son teint bronzé, le type achevé de l'officier britannique de retour des Indes. Il s'était enfoncé un monocle dans l'œil, et toute trace d'accent américain s'était effacée de son discours.

– Chapeau, monsieur Scudder !

– Non, pas M. Scudder, rectifia-t-il. Le capitaine Theophile Digby, du 40e Gurkhas, actuellement en congé dans son pays. Je vous serais reconnaissant de vous en souvenir...

Je lui dressai un lit dans le fumoir et gagnai ma chambre, plus joyeux que je ne l'avais été depuis un mois. Des choses arrivaient tout de même dans cette ville oubliée de Dieu...

Le lendemain matin, je fus réveillé par Paddock qui secouait la porte du fumoir en faisant un raffut de tous les diables. Paddock était un brave type qui s'était attaché à moi aux colonies, et que j'avais pris à mon service dès mon retour en Angleterre. Il était à peu près aussi agile qu'un hippopotame, et comme valet de chambre ce n'était certes pas un as, mais je savais pouvoir compter sur son dévouement.

– Cessez ce vacarme ! lui dis-je. Un de mes amis, le capitaine... le capitaine... (impossible de me rappeler le nom)... est en train de dormir dans cette pièce. Préparez le petit déjeuner pour deux, et venez ensuite me retrouver.

Je racontai à Paddock que mon ami était un héros qui en avait tant fait qu'il avait les nerfs malades, et que son état nécessitait un repos absolu. Sa présence chez moi devait être entourée du plus grand secret, sinon il serait assiégé de communications du ministère de l'Inde et du Premier ministre, et sa cure de repos serait gâchée. Je dois dire que Scudder joua magnifiquement son rôle pendant le petit déjeuner. Tel un officier britannique, il fixa son monocle pour regarder

Paddock, l'interrogea sur la guerre des Boers, et me rappela sans arrêt les aventures de camarades imaginaires.

Je laissai Scudder en compagnie des journaux du matin et d'une boîte de cigares, et partis pour la City. Quand je revins, à l'heure du déjeuner, le liftier m'aborda d'un air grave :

– Y a une sale affaire ! Le locataire du n°15 s'est flanqué un coup de pétard. Y viennent de l'emmener à la morgue. Les flics, y sont là-haut.

Je montai au n°15, où je trouvai deux policiers et un inspecteur en train d'examiner les lieux. Je posai quelques questions plus ou moins idiotes et ils me mirent à la porte. J'interrogeai le garçon qui faisait le ménage de Scudder, et je constatai qu'il ne soupçonnait rien. C'était un pauvre type nasillard, qui semblait porter le diable en terre, mais qui retrouva le sourire à la vue d'une demi-couronne.

J'assistai le lendemain matin à l'enquête judiciaire. Le directeur d'un consortium de journaux vint déclarer que le défunt lui avait apporté des échantillons de pâte à papier et était, à son avis, l'agent d'une firme américaine. On conclut au suicide au cours d'une crise de folie, et les quelques vêtements du suicidé furent remis au consul américain. Sitôt rentré, je fis à Scudder un compte rendu très détaillé de l'affaire, qui l'amusa énormément.

– Voilà qui est aussi piquant, dit-il, que de lire dans un journal l'avis de son propre décès !

Pendant les deux jours qui suivirent, il demeura très paisiblement confiné dans la pièce que je lui avais assignée. Il lisait, fumait un peu, gribouillait un tas de notes sur un carnet, et chaque soir nous faisions une partie d'échecs, ce qui lui donnait l'occasion de me battre à plate couture. Je pensais qu'il se calmait un peu et il faut convenir qu'il avait passé par de rudes épreuves. Mais le troisième jour, il redevint fébrile. Il établit la liste des jours jusqu'au 15 juin, les souligna de rouge, et inscrivit en regard de chacun quelques notes en sténographie. Il se plongea dans une étude qui paraissait ardue, à en juger par son regard sombre et lointain, et au sortir de ces profondes méditations, il avait l'air tout à fait démoralisé.

Le malheureux devenait irascible. Non seulement il tendait l'oreille et sursautait au moindre bruit, mais il ne cessait de me demander si l'on pouvait vraiment se fier à Paddock. À une ou deux reprises, il entra même dans une colère noire, dont il s'excusa, mais je n'avais pas le courage de l'en blâmer. Je me sentais au contraire plein d'indulgence à son égard lorsque je pensais à la tâche qu'il avait entreprise.

D'ailleurs, ce n'était pas le souci de sauver sa peau qui le préoccupait, mais la réussite du projet qu'il avait édifié ; rien n'aurait pu l'en détourner, car ce petit homme était aussi ferme qu'un roc.

– Écoutez, Hannay, me dit-il un soir. J'estime de mon devoir de vous engager plus avant dans cette affaire. À l'idée que je pourrais partir sans laisser derrière moi quelqu'un qui serait capable de lutter, je suis ulcéré.

Et il se mit à m'exposer dans le moindre détail ce qu'il m'avait dit dans les grandes lignes.

Je ne lui prêtai qu'une attention assez mitigée. Ses aventures m'intéressaient bien davantage que ses vues politiques. Les affaires de Karolidès, c'était à lui de s'en mêler, moi, je n'y pouvais rien. Si bien qu'une bonne partie de son exposé m'entra par une oreille et me sortit par l'autre. Tout ce que j'en retins, c'est que le danger ne menacerait Karolidès qu'une fois arrivé à Londres, et qu'une certaine femme – Julia Czechenyi – devait servir d'appât, avec mission de l'éloigner de ses gardes du corps. Il parla également d'une pierre noire, d'un homme qui bégayait en parlant, et avec un frisson d'épouvante, d'un vieillard à la voix très jeune, dont les paupières pouvaient encapuchonner les yeux, à la manière d'un oiseau de proie.

Le sentiment de la mort l'obsédait ; il en parla aussi beaucoup. Non qu'il craignît de perdre la vie, mais la crainte de ne pas réussir l'emplissait d'une angoisse mortelle.

– Là-bas, dans mon pays, quand je me réveillais par un matin d'été et que l'odeur du foin coupé entrait par la fenêtre, je remerciais Dieu. Je crois aussi que je Le remercierai quand je me réveillerai de l'autre côté du Jourdain.

Il se montra beaucoup plus gai le lendemain, et passa la journée à lire la vie de Stonewall Jackson. Je dînais ce soir-là avec un ingénieur des mines que je devais voir pour affaires, et rentrai vers dix heures et demie, à temps pour la partie d'échecs.

Comme je poussais la porte du fumoir, j'avais un cigare dans la bouche, je m'en souviens. Étrange : aucune lumière dans la pièce. Scudder n'était-il donc pas là ?

Je tournai le commutateur. Personne. Je fis quelques pas, et vis, tout au fond de la pièce, une chose qui me fit lâcher mon cigare, tandis que mon corps se couvrait de sueur froide.

Mon hôte était étendu sur le dos, cloué au plancher par un poignard qui lui avait transpercé le cœur.

2

Le laitier commence
ses pérégrinations

Je m'écroulai dans un fauteuil, en proie à la nausée et au vertige. Cela dura à peu près cinq minutes après lesquelles je me sentis saisi d'horreur. La vue de cette pauvre figure livide était insupportable ; j'allai chercher une nappe pour la recouvrir. Puis je me dirigeai en chancelant vers un placard où je trouvai du cognac dont j'avalai quelques gorgées. Certes, j'avais déjà vu des hommes mourir de mort violente ; j'en avais moi-même tué quelques-uns dans la guerre du Matabélé, mais cet assassinat pérpétré de sang-froid me soulevait le cœur. Je regardai ma montre : il était dix heures trente.

L'idée me vint de visiter l'appartement de fond en comble et de le passer au peigne fin. Personne. Aucune trace d'une intrusion quelconque ; je fermai soigneusement volets et fenêtres et mis la chaîne de sûreté à la porte.

Petit à petit, je commençais à recouvrer mes esprits, mais il me fallut plus d'une heure pour bien évaluer la situation ; je ne me pressais pas, car, à moins d'un retour de l'assassin, j'avais jusqu'à six heures du matin environ pour réfléchir.

J'étais dans le bain – cela, au moins, c'était sûr et certain. Si j'avais eu l'ombre d'un doute sur la véracité du récit de Scudder, ce doute se serait dissipé : la preuve, hélas ! gisait sous cette nappe. Les hommes qui savaient qu'il savait ce qu'il savait l'avaient retrouvé, et avaient pris le meilleur moyen de le réduire au silence. Mais il avait vécu chez moi pendant quatre jours, et ses ennemis devaient bien supposer qu'il s'était confié à moi. Ce serait donc à mon tour d'être supprimé ; cette nuit peut-être, ou demain, ou après-demain, mais de toute façon, mon compte était bon.

Une autre idée me traversa subitement l'esprit. En supposant que j'appelle la police immédiatement, ou que je laisse Paddock découvrir le corps le lendemain matin, quelle histoire pourrais-je bien raconter à la police au sujet de Scudder ? J'avais menti à Paddock en le présentant sous une fausse identité : ma déposition paraîtrait alors extrêmement louche. Et si je disais la vérité en répétant à la police tout ce qu'il m'avait dit, les policiers n'en croiraient pas un mot et se moqueraient de moi. J'avais mille chances contre une d'être accusé du meurtre, et les charges accumulées seraient suffisantes pour me faire pendre. Je ne connaissais presque personne en Angleterre, je n'y avais pas un seul ami qui pût se porter garant de ma moralité. Ce fait entrait peut-être dans le calcul de l'ennemi qui pouvait logiquement se dire qu'une prison anglaise était un moyen aussi sûr de se débarrasser de moi jusqu'au 15 juin qu'un couteau en plein cœur.

En outre, si je disais la vérité, en admettant que par miracle on y ajoute foi, je jouerais le jeu de l'ennemi. Karolidès resterait dans son pays, et c'était là ce qu'il désirait. Par une mystérieuse alchimie que je ne saurais expliquer, la vue du visage mort de Scudder avait fait de moi un partisan passionné de sa cause. Lui disparu après m'avoir fait confiance, je me sentais moralement obligé de poursuivre sa tâche.

Je le sais, cela peut paraître ridicule de la part d'un homme qui risquait d'y perdre la vie, mais c'est pourtant ainsi que j'envisageais les choses. Je suis un type très ordinaire, et pas plus courageux qu'un autre, mais je ne supporte pas de voir abattre un honnête homme, et je songeais que ce poignard ne marquerait pas la fin de Scudder si je pouvais jouer le jeu à sa place.

Après avoir bien réfléchi pendant une heure ou deux, ma décision fut prise. Je devais disparaître d'une façon ou d'une autre, et rester caché jusqu'à la fin de la seconde semaine de juin. Ensuite, il me faudrait me débrouiller pour entrer en contact avec le gouvernement et transmettre à un personnage officiel tout ce que Scudder m'avait dit. Ah ! si seulement il m'en avait dit davantage, et si j'avais mieux écouté le peu qu'il m'avait dit ! Au fond, je ne savais pas grand-chose, rien que quelques faits. En admettant que je parvienne à surmonter tous les autres dangers, je risquais fort de n'être pas cru. En attendant, je n'avais qu'à courir ma chance, en espérant que quelque chose se produirait, qui confirmerait mon récit aux yeux du gouvernement.

Ainsi donc, première chose à faire : me déplacer sans cesse pendant les trois prochaines semaines. Nous étions le 24 mai, cela faisait vingt jours à rester caché avant d'essayer tout contact avec les officiels. Oh ! je n'ignorais pas que je serais recherché de deux côtés : par les ennemis de Scudder qui en voulaient à ma vie, et par la police, dont c'était le métier d'arrêter l'assassin de Scudder. Cela promettait une drôle de chasse, mais, croyez-moi si vous voulez, j'en étais tout ragaillardi. Après ces mois d'oisiveté, toute perspective d'activité était la bienvenue. Rester assis, tout seul, devant ce cadavre, en attendant que la fatalité suive son cours, non, merci bien, c'était se réduire à l'état de larve, alors que j'envisageais avec joie la pensée de sauver ma vie grâce à mon ingéniosité.

Une idée ! Scudder avait peut-être des papiers susceptibles de m'apporter quelques éclaircissements sur son affaire ? J'enlevai la nappe et me mis en devoir de fouiller ses poches, car, à présent, le cadavre ne me faisait plus peur. Pour un homme qui avait dû être frappé par surprise, en un instant, la face était merveilleusement calme. Rien dans la poche de poitrine ; dans celle du gilet, un fume-cigare et quelques pièces d'argent. Celles du pantalon ne recelaient que de la menue monnaie, un petit canif, et un vieux porte-cigarettes en peau de crocodile. Pas trace du petit carnet noir dans lequel je l'avais vu inscrire des notes. Assurément, l'assassin s'en était emparé.

Tout en procédant à la fouille, je m'aperçus que les tiroirs du bureau étaient restés ouverts ; jamais Scudder, qui était l'ordre incarné, ne les aurait laissés dans cet état : sans aucun doute, quelqu'un les avait ouverts pour y chercher probablement le carnet de notes.

En inspectant de nouveau l'appartement, je constatai qu'il avait été l'objet d'une fouille en règle : tiroirs, buffets, placards, commodes, intérieur des livres, boîtes de toutes sortes, jusqu'aux poches de mes vêtements suspendus dans la garde-robe ! Et toujours pas trace du carnet noir.

Je sortis un atlas et l'ouvris sur une carte des îles Britanniques. Le mieux était de partir pour une région aussi sauvage que possible, car dans une ville je serais comme un rat pris au piège. Pourquoi pas l'Écosse ? Ma famille en était originaire et j'avais le type écossais. Me transformer en touriste allemand ? Mon père avait eu des Allemands pour associés, j'avais appris l'allemand dès ma plus tendre enfance et j'avais prospecté les gisements de cuivre dans la colonie allemande du Damaraland pendant trois ans. Non, tout bien pesé, il valait mieux se faire passer pour Écossais : ainsi, la police aurait plus de mal à retrouver mon passé. D'après la carte, la région de Galloway paraissait la plus sauvage de l'Écosse, et la moins dense en population.

En consultant l'indicateur, j'appris qu'un train partait de la gare de Saint-Pancras à sept heures dix, pour arriver tard dans l'après-midi dans la région de Galloway. Le hic, c'était de pouvoir aller jusqu'à la gare, car il était à peu près sûr que les amis de Scudder faisaient le guet dans la rue. J'eus soudain une inspiration, mais j'avais assez réfléchi : je me mis au lit et je dormis pendant deux heures.

À quatre heures du matin, j'étais levé et j'ouvrais les volets de ma chambre à coucher. La naissante lumière d'un beau matin d'été envahissait les cieux, et les moineaux commençaient à piailler. J'eus un instant de désespoir : j'étais vraiment un pauvre idiot, oublié de Dieu et des hommes. Après tout, je n'avais qu'à laisser les choses aller, et à faire confiance à la police britannique pour juger raisonnablement mon cas. Mais à la réflexion, je ne trouvai aucun argument susceptible de démolir le plan que j'avais ébauché pendant la nuit, et résolus de m'y tenir.

Je rassemblai un vieux costume de tweed, une bonne grosse paire de chaussures à clous et une chemise de flanelle avec un col. Je bourrai mes poches d'une chemise de rechange, d'une casquette, de cinq ou six mouchoirs et d'une brosse à dents. Deux jours auparavant, j'avais retiré de la banque une assez grosse somme en or, pour le cas où Scudder aurait eu besoin d'argent ; je prélevai sur cette somme cinquante livres sterling en souverains, et je les plaçai dans une ceinture que j'avais rapportée de Rhodésie. C'était tout ce qu'il me fallait. Ensuite je pris un bain et coupai ma moustache, longue et tombante, pour ne garder seulement qu'une toute petite moustache en brosse.

Tous les matins, sans me déranger, car il avait sa clé, Paddock arrivait dans l'appartement à sept heures trente. Mais à six heures quarante – je le savais de science amère – le laitier s'annonçait dans un fracas de boîtes de fer-blanc et déposait la mienne devant la porte. Il m'était arrivé de le rencontrer quand je partais faire une promenade à cheval, d'assez bonne heure. Ce jeune homme était à peu près de ma taille, portait une petite moustache assez clairsemée, et était revêtu d'une blouse blanche. Toutes mes chances reposaient sur lui.

Je pénétrai dans le fumoir sombre où quelques rais de lumière commençaient à filtrer à travers les volets, je déjeunai d'un whisky à l'eau et de biscuits trouvés dans le buffet et je regardai ma montre : six heures. Je fourrai une pipe dans ma poche et remplis ma blague en me servant du pot à tabac placé sur la table, près de la cheminée.

Alors que je fourrageais dans le tabac, mes doigts rencontrèrent quelque chose de dur : le petit carnet noir de Scudder...

C'était bon signe. Ayant soulevé la nappe une dernière fois, je fus surpris par la sérénité et la noblesse de ce visage.

– Au revoir, vieux frère. Je vais tâcher de faire de mon mieux. Où que tu sois, souhaite-moi bonne chance !

Puis, dans l'attente du laitier, je tournai en rond ; j'avais une telle hâte de sortir que je frémissais d'impatience. Six heures trente. Six heures quarante. Pas de laitier. Cet imbécile avait choisi ce jour entre les jours pour être en retard !

À sept heures moins quatorze minutes, j'entendis résonner le tintamarre de ses boîtes. J'ouvris la porte d'entrée : il arrivait, occupé à trier ma boîte parmi les autres, et sifflotant entre ses dents. Il sursauta en me voyant.

– Venez par ici, lui dis-je, je voudrais vous dire un mot. (Et je le fis entrer dans la salle à manger.) Vous m'avez l'air d'un chic type ; j'ai un service à vous demander. Prêtez-moi votre casquette et votre blouse pour dix minutes : voilà un souverain pour vous.

À la vue de l'or, il écarquilla de grands yeux, et sa bouche se fendit jusqu'aux oreilles.

– À quoi vous jouez ?

– Il s'agit d'un pari. Je n'ai pas le temps de vous expliquer, mais pour le gagner il faut que je sois déguisé en laitier pendant dix minutes. Vous n'avez qu'à rester ici jusqu'à ce que je revienne. Vous serez un petit peu en retard, mais personne ne s'en plaindra, et vous aurez toujours ça de reste, dis-je en montrant la pièce.

– Eh ben, ça va, ça colle ! Moi, j'demande qu'à rigoler !
Tenez, mon prince, habillez-vous !

Je coiffai sa casquette bleue, passai sa blouse blanche,
ramassai les boîtes, claquai ma porte, et descendis les escaliers en sifflotant. Lorsque je passai devant le portier, son
retentissant : « Ta gueule ! » sonna à mon oreille comme un
hommage rendu à mon déguisement.

Personne dans la rue. Ah ! si : à une trentaine de mètres,
un gardien de la paix et, sur le trottoir opposé, un flâneur
traînant la savate. Instinctivement, je levai les yeux vers la
maison d'en face : à l'une des fenêtres du premier étage, une
figure se montrait derrière le carreau. Le flâneur, en passant,
lui fit un signe.

Sifflant gaiement, et imitant la marche balancée du laitier,
je traversai la rue, pris la première rue latérale et tournai
dans une ruelle où se trouvait un terrain vague. Aucun passant n'étant en vue, je lançai boîtes à lait, blouse et casquette
par-dessus la palissade. Je venais de coiffer ma propre casquette lorsqu'un facteur tourna le coin : je lui donnai le bon-
jour, et il me répondit sans témoigner la moindre méfiance.
À ce moment, sept heures sonnaient à l'horloge d'une église
voisine.

Je n'avais pas une seconde à perdre ; arrivé à Euston
Road, je pris mes jambes à mon cou. Sept heures cinq à la
station de métro d'Euston ! Je n'eus naturellement pas le
temps de prendre un billet à la gare de Saint-Pancras (et
d'autant moins de raison d'en prendre, d'ailleurs, que je ne
connaissais même pas le lieu de ma destination). Je m'élançai sur le quai : le train s'ébranlait ! Deux employés de la gare
bloquaient le passage ; je les bousculai et grimpai dans le
dernier wagon, déjà en marche.

Trois minutes plus tard, tandis que le convoi s'engageait
dans les tunnels, un contrôleur m'interpella. Après m'avoir
rédigé un titre de transport jusqu'à la gare de Newton-Stewart (dont le nom m'était subitement revenu en mémoire), il
m'extirpa du compartiment de première classe où je m'étais
installé, pour me conduire, en troisième classe, dans un
compartiment de fumeurs, occupé par un marin et une
grosse femme portant un bébé sur les genoux. Comme le
contrôleur partait en ronchonnant, je fronçai le sourcil en
faisant observer à mes compagnons de voyage – dans mon
meilleur écossais – que ce n'était vraiment pas une petite

30

affaire que d'attraper un train. J'étais déjà dans la peau de mon personnage.

– Qué mal élevé ! s'écria la dame. Y avait ben besoin d'une langue écossaise pour le remet' à sa place ! V'là qu'y d'mandait un ticket à ma gosse qu'aura seulement ses douze mois au mois d'août ! Et qu'y avait l' toupet de dire à c' monsieur de pas cracher !

Le marin opina d'un air morose ; j'inaugurais ma vie nouvelle dans une atmosphère de protestation contre l'autorité. Et dire qu'une semaine plus tôt, je trouvais que le monde était morne !...

3

L'aventure de l'aubergiste poète

Je savourai avec délices cette montée vers le nord. Il faisait un splendide temps de printemps, tous les buissons étaient en fleurs et je me demandais vraiment pourquoi, quand j'étais encore un homme libre, je m'étais confiné à Londres au lieu de goûter les bienfaits de cette campagne divine. N'osant pas me montrer au wagon-restaurant, j'achetai au buffet de Leeds un carton contenant de quoi déjeuner et je le partageai avec la grosse voyageuse. Je pris également les journaux du matin qui annonçaient les partants pour le Derby et donnaient les premières nouvelles de la saison de cricket ; quelques paragraphes étaient consacrés aux affaires balkaniques, et au départ pour Kiel d'un régiment britannique.

Ma lecture achevée, je procédai à l'examen du petit carnet noir de Scudder. Il était surtout rempli de chiffres parmi lesquels, de temps en temps, on voyait figurer un nom. Ainsi par exemple : « Hofgaard », « Lunéville », et « Avocado », mais plus fréquemment encore le mot « Pavie ».

Certain que Scudder ne faisait jamais rien sans raison, j'étais persuadé que tout cela correspondait à un code, ce qui m'intéressait, car j'avais moi-même travaillé au Chiffre à Delagoa Bay, en tant qu'officier de l'Intelligence Service pendant la guerre des Boers. Sans me vanter, j'ai un don tout particulier pour le jeu d'échecs et pour le puzzle, et j'arrive assez aisément à déchiffrer un message en code. À première vue, il apparaissait que, dans celui-ci, chaque chiffre correspondait à une lettre de l'alphabet, mais je ne pensais pas que Scudder ait pu se servir d'un système aussi simple. Je ne m'attachai donc qu'aux mots, car il suffit généralement de découvrir le mot clé pour trouver le chiffre numérique qui vous donne la séquence des lettres.

Après m'y être appliqué en vain pendant des heures, je finis par m'endormir, et je me réveillai à Dumfries, juste à temps pour descendre en hâte et prendre le train omnibus de Galloway. Sur le quai, j'entrevis un homme dont l'aspect ne me plaisait guère, mais il n'eut pas un regard pour moi, et quand je me regardai dans la glace d'un distributeur automatique, je n'en fus pas surpris. Avec ma figure tannée, mon costume de tweed usagé et ma démarche, j'avais tout à fait l'air d'un de ces paysans de la montagne qui s'entassaient dans les wagons de troisième classe.

Mon voyage s'effectua dans une odeur de sueur humaine, de feutre chaud et de pipes de terre. Mes compagnons de voyage, au nombre d'une demi-douzaine, revenaient du marché, et leur conversation roulait uniquement sur les prix. La plupart d'entre eux avaient déjeuné lourdement, ils fleuraient le whisky et ne faisaient pas la moindre attention à moi. Le train avançait lentement à travers un pays de collines boisées qui se transforma bientôt en un vaste plateau désertique, émaillé çà et là de petits lacs brillants et borné vers le nord par de hautes collines bleues.

Le compartiment se vida aux environs de dix-sept heures, et je me trouvai seul, ainsi que je l'espérais. Je descendis à la station suivante, un petit village dont je remarquai à peine le nom, et qui semblait enfoui dans la tourbière. Tout à fait le genre de gare qu'on trouve dans la province du Cap. Un vieux chef de gare qui travaillait dans son jardin se dirigea tranquillement vers le train, sa bêche sur l'épaule, et, après avoir pris livraison d'un paquet, il retourna à ses pommes de terre. À la sortie, un enfant d'une dizaine d'années prit mon billet, et je m'engageai sur une route blanche qui serpentait à travers la bruyère.

Le soir était splendide : contre le ciel, se découpait l'arête des montagnes comme taillées dans l'améthyste ; l'air frais portait la senteur si particulière de la tourbe, et je l'aspirais d'un cœur léger. Je n'étais plus cet homme de trente-sept ans que la police recherchait, mais un jeune écolier prenant la route pour ses vacances de printemps. Vous me croirez si vous voulez, mais je marchais en sifflant. Je n'avais aucun plan en tête, si ce n'était d'aller, d'aller toujours plus loin dans ce pays béni et parfumé, où chacun de mes pas me rendait à moi-même.

D'une branche de noisetier coupée dans un taillis voisin, je me taillai une canne et je quittai la route pour prendre un petit sentier tracé tout au bord d'un ruisseau qui chantait sa chanson en bondissant sur les cailloux. Hors d'atteinte en ce lieu perdu, j'avais devant moi une nuit de répit. Tout en cheminant d'un pas allègre, je ne tardai pas à apercevoir, niché à l'angle d'une cascade, un petit cottage de berger. Je m'avisai alors que j'avais faim : cela faisait en effet des heures que je n'avais pas pris la moindre nourriture. Une femme au visage tanné se tenait sur le seuil de la porte ; elle me salua avec la politesse timide mais bienveillante des paysans de la région. Et quand je lui demandai si elle pouvait me loger pour la nuit, elle m'offrit très spontanément « le lit du grenier ». Quelques minutes plus tard, elle me servait un délicieux repas composé d'œufs, de jambon de pays, de lait caillé et de gâteaux faits à la maison.

La nuit tombée, son géant de mari rentra des champs. Avec ce tact des gens qui vivent dans les solitudes, ils ne me posèrent aucune question : ils me prenaient visiblement pour un marchand de bestiaux ; je ne fis rien pour les détromper, bien au contraire, je parlai vaches, cochons, moutons, et mon hôte, qui s'y connaissait, m'abreuva de détails et de renseignements sur les marchés locaux de Galloway. Qui sait, cela pourrait peut-être me servir plus tard ? À dix heures du soir, je me surpris en train de dodeliner de la tête, et le lit du grenier accueillit un homme épuisé qui dormit à poings fermés, jusqu'à ce que le bruit de la maisonnée le réveillât, vers cinq heures du matin.

Ils refusèrent énergiquement le paiement que je leur offrais, et à six heures, après avoir pris un copieux petit déjeuner, je reprenais la route en direction du sud. Mon intention était de reprendre le train une ou deux stations plus loin que celle où j'étais descendu la veille, et de revenir en arrière. C'était sûrement la meilleure chose à faire, car la police supposerait tout naturellement que je m'éloignerais de Londres de plus en plus, en direction de quelque port situé à l'ouest de l'Angleterre. J'avais sur elle une bonne avance : le temps qu'on me désigne comme le présumé coupable représentait déjà quelques heures, et avant qu'on identifie le voyageur qui avait pris le train à Saint-Pancras, quelques heures supplémentaires avaient dû s'écouler.

Ce temps de printemps était si beau, si clair, que je n'arrivais pas à prendre au sérieux le danger que je pouvais courir. Jamais, depuis des mois, je ne m'étais senti si gai. La route contournait le flanc d'une montagne que le berger m'avait désignée sous le nom de Cairns Fleet. Des courlis, des pluviers pépiaient autour de moi, et les prés verts qui bordaient les rivières étaient parsemés de petites taches blanches formées par les agneaux. Après ces mois d'oisiveté, je retrouvais une agilité juvénile : je gambadais comme un enfant de quatre ans. Soudain, au creux d'une vallée, à deux kilomètres de distance environ, j'aperçus la fumée d'un train.

J'arrivai bientôt à la gare : une gare faite tout exprès pour moi. Adossée au plateau, elle se contentait d'une seule voie, d'une salle d'attente, de la maisonnette du chef de gare, et d'une petite cour plantée de groseilliers et bordée d'espaliers. Aucune route ne paraissait y accéder, et ce qui la rendait encore plus désolée, c'était un petit lac tout proche, dont les eaux grises clapotaient sur une frange de galets gris. Je m'enfonçai dans la bruyère jusqu'à ce que la fumée d'un train se dirigeant vers l'est se déroulât à l'horizon. Je m'approchai alors de la petite pièce qui servait de bureau, et pris un billet pour Dumfries.

Les seuls occupants du wagon étaient un berger et son chien – une brute qui ne me disait rien qui vaille. L'homme était endormi ; à côté de lui, sur la banquette, un journal était déplié : le *Scotsman* du matin. Je m'en emparai aussitôt : j'allais probablement y trouver du nouveau.

Deux colonnes étaient consacrées au crime de Portland Place. Paddock, mon valet, avait donné l'alarme et fait arrêter le laitier. Pauvre diable : il avait durement gagné son souverain ! Par contre, j'avais fait une très bonne affaire, car il avait occupé la police pendant une bonne partie de la journée. En dernière page, figurait une information de toute dernière heure : le laitier avait été relâché et le meurtrier, dont on ne révélait pas l'identité, paraissait avoir quitté Londres par chemin de fer en direction du nord.

Un bref paragraphe me désignait comme le propriétaire de l'appartement ; pour moi, la police avait fait ajouter cette note pour me faire croire que je n'étais pas soupçonné.

À part cela, rien de bien intéressant dans ce journal, rien sur la politique étrangère, rien sur Karolidès, et rien non plus sur les questions qui préoccupaient tant Scudder. Ayant replié le journal, je regardai par la vitre : nous approchions de la petite station où j'étais descendu la veille. Le chef de gare ne bêchait plus ses pommes de terre : le train de l'Ouest était arrêté, trois hommes en étaient descendus, qui l'interrogeaient. La police locale, sans doute, alertée par Scotland Yard, qui avait retrouvé ma trace jusqu'à cette gare. Enfoncé dans mon coin, je les observais avec toute l'attention qu'on devine. L'un des hommes avait sorti un carnet sur lequel il prenait des notes, le vieux bêcheur de pommes de terre avait l'air furieux ; quant à l'enfant à qui j'avais remis mon ticket, il parlait avec une grande volubilité. Et puis le petit groupe tout entier se tourna du côté du plateau d'où partait la route blanche... Si la police me recherchait dans cette direction, j'avais quelque répit devant moi.

Le mouvement du train qui s'ébranlait fit se réveiller mon compagnon qui me regarda d'un œil vide, envoya un coup de pied à son chien, et demanda où il était. Visiblement, il était ivre.

– V'là ce que c'est d'être un buveur d'eau ! grommela-t-il d'un ton amer. (Je lui exprimai ma surprise de rencontrer en lui un de mes pareils.) Ouais, mais moi, j' suis un vrai ! (Et il prit un air de défi.) J'ai juré à la Saint-Martin de pus boir' que de l'eau, et d'puis, j'ai pas même avalé eun' gout' de whisky ! Pas même au premier d' l'an, pourtant ça me f'sait ben envie ! (Il étala ses jambes sur la banquette et enfonça sa tête échevelée dans les coussins.) Et v'là le résultat ! J'ai ma tête qu'est en feu, et je vois double !

– D'où cela vient-il ?

– D'un truc qu'y zappellent du brandy. Pisque j'suis un buveur d'eau, j'ai pas voulu toucher au whisky ; alors, j'ai pris comme ça toute la journée des p'tites gorgées de ce brandy, et maintenant, j'en ai pour quinze jours à me remett'.

Sa voix n'était plus qu'un soupir, ses yeux s'appesantirent, et il sombra dans le sommeil.

J'avais projeté de descendre à l'une des prochaines gares, mais le train m'offrit une occasion meilleure encore, car il s'arrêta subitement à l'extrémité d'un petit pont qui enjambait une rivière mordorée. Je passai la tête par la portière :

toutes les vitres des wagons étaient fermées, et pas une figure humaine ne se montrait dans le paysage. J'ouvris la portière et sautai vivement dans le fouillis de noisetiers qui bordait la voie.

Tout cela eût été parfait s'il n'y avait pas eu ce maudit chien qui se mit à aboyer comme un furieux en plantant ses crocs dans mon pantalon. Là-dessus, le berger se réveilla en sursaut et se dirigea vers la portière ouverte, croyant que j'étais en train de me suicider. En rampant à travers les buissons, je finis par atteindre le bord de la rivière, à une cinquantaine de mètres du train. Caché sous le feuillage, je regardai derrière moi : un employé du chemin de fer et quelques voyageurs s'étaient rassemblés devant le wagon que je venais de quitter ; tournés de mon côté, ils me cherchaient des yeux. J'aurais été précédé et suivi d'une fanfare que je n'aurais pas pu faire un départ plus bruyant.

Et voilà que, sur ces entrefaites, le berger procura la plus heureuse des diversions. Lui et son chien, qui était attaché par une corde à sa ceinture, dégringolèrent hors du wagon, atterrirent sur la voie, et roulèrent sur une pente, en direction de la rivière. Chacun de se précipiter pour les sauver, mais au cours de l'opération, le chien mordit un voyageur, qui se mit à pousser des hurlements. J'étais bel et bien oublié, et lorsque, après avoir rampé trois ou quatre cents mètres, j'osai regarder en arrière, je pus voir le train s'ébranler et disparaître à un tournant.

Je me trouvais à présent dans un vaste demi-cercle de tourbières dont la rivière jaunâtre était le rayon, et dont les montagnes situées au nord décrivaient la circonférence. Pas trace de vie humaine en ce désert, rien que le clapotis de l'eau et l'interminable piaillement des courlis. Si étrange que cela paraisse, j'éprouvais pour la première fois le sentiment de terreur de l'homme traqué. Ce n'était pas à la police que je pensais, mais aux autres, à ceux qui savaient que je possédais le secret de Scudder et ne me laisseraient jamais en vie. Ceux-là me poursuivraient avec une âpreté et une persévérance inconnues de la justice anglaise.

Je regardai derrière moi : personne. Le soleil brillait sur le métal de la voie ferrée et les pierres mouillées de la rivière : j'avais en vérité devant les yeux le spectacle le plus paisible qui fût au monde. Il n'empêche que je me mis à courir. Le dos courbé, je courais et sautais au-dessus des petits ruisseaux qui sillonnaient la tourbe jusqu'à ce que la sueur m'aveuglât. Hors d'haleine, je finis par atteindre un sommet qui dominait les eaux de la rivière couleur de rouille.

De mon observatoire, j'apercevais le plateau tout entier, jusqu'à la ligne de chemin de fer, et jusqu'aux prés qui, vers le sud, remplaçaient la bruyère. J'ai beau avoir des yeux de lynx, je ne voyais rien bouger sur toute l'étendue. À l'est, le paysage était différent : des vallées verdoyantes, plantées de sapins, et ces faibles traînées de poussière qui sont l'indice des grandes routes. Et puis, ayant levé la tête pour me remplir les yeux du ciel de mai, je vis une chose qui me glaça les os...

Là-bas, au sud, un monoplan s'élevait dans les airs. Sans aucun doute, cet avion était à ma recherche, et il était certain aussi qu'il n'appartenait pas à la police. Du fond de la bruyère où je m'étais tapi, je l'observai pendant une heure ou deux. Il volait extrêmement bas – presque à frôler le sommet des collines –, décrivait d'innombrables cercles au-dessus de la vallée, et puis, prenant de la hauteur, il changea brusquement de direction et fila vers le sud, d'où il était parti.

Cet espionnage aérien ne me disait rien qui vaille, et le paysage que j'avais choisi pour refuge me parut aussitôt moins beau. Si l'ennemi me guettait du haut des airs, ces collines tapissées de bruyères étaient un abri bien précaire : je devais fuir vers un autre asile. Je regardai alors d'un œil plus sympathique la verdoyante campagne qui s'étendait au-delà des montagnes ; là-bas au moins, j'étais sûr de trouver des bois et des maisons de pierre.

Aux environs de six heures du soir, je quittai le plateau de bruyère pour prendre le ruban de route qui serpentait dans l'étroite vallée d'une rivière. Bientôt, de vastes étendues de chaume succédèrent aux prairies, et j'arrivai sur un autre plateau où la cheminée d'une maison solitaire mêlait ses spirales de fumée au bleu ouaté du crépuscule. La route passait sur un pont ; en m'approchant, je vis un jeune homme penché au-dessus du parapet.

Il fumait une longue pipe de terre, et, de ses yeux cerclés de lunettes, il scrutait l'eau. Il tenait un livre entrouvert dans sa main gauche et récitait lentement des vers.

Au bruit de mes pas résonnant sur la pierre, il se retourna et me montra un beau visage bronzé d'adolescent.

– Bonsoir ! me lança-t-il gravement. Une belle soirée, pour se promener !

L'odeur d'un feu de tourbe, associée au fumet d'un rôti, s'échappait de la maison.

– Est-ce là une auberge ? demandai-je.

– Pour vous servir, monsieur ! Et l'aubergiste, c'est moi. J'espère que vous me ferez l'honneur d'y passer la nuit, car pour tout vous dire, voilà une semaine que je n'ai pas vu l'ombre d'un visiteur.

Je m'accoudai auprès de lui sur le parapet et bourrai ma pipe. Je flairais un allié dans ce jeune garçon.

– Vous êtes bien jeune pour faire le métier d'aubergiste !

– Mon père est mort il y a un an, et il m'a laissé cette auberge. J'y vis avec ma grand-mère. Morne métier, monsieur, pour un jeune homme ! Ce n'est certainement pas celui de mes rêves !

– Et quel serait celui de vos rêves ?

Une rougeur empourpra ses joues :

– Je voudrais écrire des livres...

– Mais vous avez une chance inouïe ! Je me suis toujours dit qu'un aubergiste pourrait faire le plus savoureux conteur du monde.

– Non, plus maintenant ! s'exclama-t-il d'un ton très décidé. Autrefois peut-être, au temps des diligences, des pèlerins, des bandits et des baladins. Mais plus maintenant. On ne voit jamais ici que des autocars bondés de grosses dames qui descendent pour déjeuner, un pêcheur ou deux au printemps, et quelques chasseurs au mois d'août. Ce n'est pas cela qui peut fournir l'inspiration. Moi, je veux voir la vie, la vraie, courir le monde, écrire des livres, comme Kipling et comme Conrad. Jusqu'à présent, je n'ai encore publié que quelques vers dans le *Journal de la Chambre*...

Je jetai un coup d'œil du côté de la petite maison que le soleil couchant dorait de ses derniers rayons.

– Moi qui ai si longtemps roulé ma bosse, voilà un ermitage qui me conviendrait joliment ! N'allez pas croire que l'aventure ne se trouve que sous les tropiques ou chez les grands seigneurs vêtus de pourpre. Qui sait si, en ce moment même, vous n'êtes pas en train de la frôler ?

– C'est ce que dit Kipling ! répondit-il, les yeux brillants.

– Eh bien ! m'écriai-je, je m'en vais vous conter une histoire vraie, et si elle vous inspire, vous pourrez en faire un roman !

Je m'assis sur le parapet et lui contai une belle histoire. Une histoire vraie dans ses grandes lignes, bien que j'en eusse modifié les détails. Je lui fis croire que j'étais un magnat des mines de Kimberley qui avait eu des tas d'ennuis avec la police internationale pour avoir dénoncé un gang. Pour se venger, le gang avait traversé l'océan, tué mon meilleur ami, et à présent, il était sur ma piste.

Peut-être n'est-ce pas à moi de le dire, mais c'est un fait : je contai cette histoire avec un très grand art. Je décrivis ma fuite à travers le désert de Kalahari jusqu'à l'Afrique allemande ; la faim, l'épuisement, la soif, la terreur, et les belles nuits de velours bleu. J'émaillai mon récit d'un attentat au cours de mon voyage de retour, et, en termes tragiques, je terminai sur le meurtre de Portland Place.

– Vous cherchez l'aventure, jeune homme, eh bien, vous en avez une incarnée devant vous ! Les gangsters qui me poursuivent sont eux-mêmes poursuivis par la police, et c'est une course à la vie à la mort que je suis décidé à gagner.

– Seigneur Dieu ! soupira le jeune homme qui m'avait écouté en retenant son souffle. Voilà du pur Rider Haggard ou du Conan Doyle !

– Ainsi, vous me croyez, murmurai-je avec gratitude.

– Si je vous crois ! s'écria-t-il spontanément en me tendant la main. Je crois tout ce qui sort de l'ordinaire. La seule chose à mes yeux dont il soit sage de se méfier, c'est de la normale.

En vérité, si jeune qu'il fût, c'était bien l'homme qu'il me fallait.

– Je présume que, pour l'instant, ils ont perdu ma trace. Mais je crois prudent de me cacher pendant un jour ou deux. Pouvez-vous m'y aider ?

Il me prit le bras et m'entraîna vers la maison.

– Vous pouvez vous cacher ici aussi sûrement que si vous étiez enfoui sous la mousse. Je veillerai à ce que personne ne bavarde. Et, n'est-ce pas, vous me documenterez plus amplement sur vos aventures ?

En franchissant le seuil de l'auberge, j'entendis dans le lointain le bruit d'un moteur. Là-haut, le monoplan se profilait à l'horizon.

Le jeune homme m'offrit une chambre qui donnait sur l'arrière de la maison, et jouissait d'une fort belle vue sur le plateau ; il me donna en outre la disposition de son bureau, tapissé d'éditions à bon marché de ses auteurs favoris. Ne voyant pas la grand-mère, j'en conclus qu'elle était alitée. Une vieille femme répondant au nom de Margit m'apportait mes repas, et le jeune aubergiste me rendait visite à toute heure. Comme je souhaitais avoir quelques moments de solitude, je lui trouvai une occupation. Puisqu'il avait un vélomoteur, je l'envoyai, le lendemain matin, chercher le journal qui, d'ordinaire arrivait avec le courrier, assez tard dans l'après-midi. Je lui recommandai d'ouvrir l'œil, de faire bien attention à toute silhouette un peu étrange, et de repérer tout particulièrement les automobiles et les avions. Sur ce, je m'appliquai à déchiffrer le carnet de Scudder.

Le jeune homme revint à midi, avec le *Scotsman*. Je n'y trouvai rien de spécial, hormis quelques témoignages nouveaux, donnés par Paddock et le laitier, et la reproduction de l'exposé de la veille sur la fuite du meurtrier vers le nord. Par contre, le journal publiait un long article, reproduit du *Times*, sur Karolidès et la situation dans les Balkans, mais il n'y était pas question de la visite du ministre en Angleterre. Je parvins à me débarrasser de mon charmant aubergiste pour l'après-midi, car ma recherche du chiffre commençait à me donner chaud.

Ainsi que je l'ai déjà dit, c'était un chiffre numérique, et grâce à une patiente recherche expérimentale, j'avais fini par découvrir la position des zéros et des points. Le difficile était de trouver le mot clé ; quand je songeais au million de mots que Scudder avait rejetés, je me sentais tout à fait démoralisé. Mais aux environs de trois heures, j'eus une soudaine inspiration.

Le nom de Julia Czechenyi me revint brusquement à l'esprit : Scudder ne m'avait-il pas dit que la clé de l'affaire Karolidès était là ? Pourquoi ne pas essayer ?

Merveille : la tentative réussissait ! Les cinq lettres de Julia me donnaient la position des voyelles. *A* était *J*, la dixième lettre de l'alphabet, représentée par *X* dans le chiffre. *E* était *U* = XXI, et ainsi de suite. *Czechenyi* me donnait l'ordre numérique des principales consonnes. J'inscrivis ce schéma sur un bout de papier, et commençai à lire les notes de Scudder.

Au bout d'une demi-heure, la tête en feu, et les doigts tambourinant sur la table, je lisais couramment.

En regardant par la fenêtre, j'aperçus une grosse voiture de tourisme roulant sur le plateau, en direction de l'auberge. Elle s'arrêta devant la porte ; j'entendis descendre les voyageurs. Ils étaient deux : des hommes en imperméable et casquette de tweed.

Dix minutes plus tard, l'aubergiste se glissait dans ma chambre, les yeux luisants d'excitation.

– Il y a en bas deux gars qui sont venus vous demander, me souffla-t-il à l'oreille. Ils ont commandé du whisky ; ils sont dans la salle à manger. Ils disent qu'ils espéraient vous rencontrer ici. Oh ! ils vous ont décrit des pieds à la tête, sans oublier la chemise et les chaussures. Je leur ai dit que vous aviez couché ici la nuit dernière, et que vous étiez parti en vélomoteur ce matin. En entendant cela, l'un d'eux s'est mis à jurer comme un charretier.

Je lui fis décrire les deux hommes. L'un était mince, avec des yeux très noirs et des sourcils très abondants, l'autre souriait toujours et bégayait en parlant. Ni l'un ni l'autre n'avait l'allure d'un étranger, mon jeune ami se montra très affirmatif sur ce point.

Je pris alors une feuille de papier et y écrivis en allemand les quelques lignes que voici, comme s'il s'agissait d'un fragment de lettre :

... La Pierre Noire. *Scudder s'en occupe, mais depuis quinze jours il n'a pas pu agir. Je doute de pouvoir être désormais de quelque utilité, et d'autant moins que les projets de Karolidès sont incertains. Mais si M. T. le conseille, je ferai de mon mieux...*

– Prenez cette page, dis-je au jeune homme, et dites-leur que vous l'avez trouvée dans ma chambre. En même temps, vous leur demanderez de me la rendre, au cas où ils me rejoindraient.

Trois minutes plus tard, j'entendis la voiture démarrer ; en soulevant le rideau, j'entrevis les hommes : l'un d'eux, en effet, était mince, l'autre avait un sourire onctueux, mais je n'en pus voir davantage.

Le jeune homme, déjà, revenait dans ma chambre :

– Votre papier les a mis dans un de ces états ! Le brun est devenu pâle comme un mort, et le gros s'est mis à siffler ; si vous aviez vu son air mauvais ! Ils ont payé leurs consommations avec un demi-souverain, et n'ont même pas voulu attendre que je leur rende la monnaie !

– Maintenant, je vais vous dire ce que j'attends de vous. Partez tout de suite avec votre vélo pour Newton-Stewart et allez voir le chef de la police. Décrivez-lui les deux hommes, et dites-lui que vous les soupçonnez d'avoir trempé dans le meurtre de Londres. Débrouillez-vous comme vous voudrez, mais trouvez des raisons. Ces deux-là reviendront ici, soyez sans crainte. Pas cette nuit, car ils ont plus de soixante kilomètres à faire pour essayer de me rattraper, mais de bonne heure demain matin. Dites à la police d'être là sans faute au point du jour.

Il obéit comme un enfant docile, tandis que je me remettais à travailler sur les notes de Scudder. Lorsqu'il fut de retour, nous prîmes ensemble le dîner, et je ne pus faire autrement que de répondre aux questions dont il m'assaillait. Je lui contai dans le détail mes chasses au lion et la guerre du Matabélé – affaires bien anodines auprès de celle qui m'occupait ! Dès qu'il fut parti se coucher, je repris le carnet de notes et terminai le déchiffrage. Puis je m'installai dans un fauteuil et je fumai jusqu'à l'aube, car je ne pouvais trouver le sommeil.

Le lendemain matin, vers huit heures, j'assistai à l'arrivée de deux policiers et d'un sergent. Ils garèrent leur voiture dans la remise, selon les indications de l'aubergiste, et pénétrèrent dans la maison. Vingt minutes plus tard, de ma fenêtre, je vis une seconde voiture, venue de la direction opposée, traverser le plateau. Au lieu de s'arrêter devant l'auberge, elle s'immobilisa à deux cents mètres, à l'abri d'un bosquet. Et je remarquai qu'avant de la quitter, ses occupants avaient pris soin de la tourner en la plaçant face au plateau. Un peu après, j'entendis leurs pas crisser sur le gravier.

Mon intention première avait été de rester caché dans ma chambre pour voir ce qui allait se passer. Si je pouvais obliger la police et mes poursuivants à se trouver en tête à tête, il en sortirait peut-être quelque chose qui serait à mon avantage. Mais une meilleure idée me vint : je griffonnai quelques lignes de remerciements à l'adresse de mon hôte, ouvris la fenêtre et tombai gentiment sur un buisson de groseilliers. Je sautai par-dessus le fossé sans être vu, rampai le long d'un petit ruisseau et gagnai la grand-route, jusqu'au bosquet où la voiture était rangée. La poussière qui la recouvrait montrait qu'elle avait fait un long voyage. Je sautai sur le siège du chauffeur, pris le volant, mis en marche, et glissai doucement sur le plateau.

Déjà, la route amorçait une descente qui me fit perdre l'auberge de vue, mais j'eus bien l'impression que le vent m'apportait l'écho de vociférations furieuses.

4

L'aventure du candidat libéral

Par ce radieux matin de mai, imaginez-moi conduisant à toute vitesse une voiture de quarante chevaux, regardant par-dessus mon épaule, jetant un coup d'œil anxieux sur le premier tournant et gardant tout juste assez de sang-froid pour ne pas rouler dans le fossé. Car je ne pensais qu'à ce que j'avais lu dans le carnet noir.

Scudder m'avait abreuvé de mensonges. Toutes ses histoires sur les Balkans, les anarchistes, la conférence des Affaires étrangères, et sur Karolidès lui-même, n'étaient que des mensonges – et cependant pas tout à fait, comme vous allez le voir. J'avais tout risqué, tout perdu sur la foi que j'avais eue en lui. Et je découvrais d'un seul coup une réalité bien différente. Une réalité à laquelle je crus aveuglément tout de suite.

Pourquoi ? Je n'en sais trop rien. Ce qu'il y avait dans le carnet rendait incontestablement le son de la vérité, et – si je me fais bien comprendre – le récit qu'il m'avait fait de vive voix restait vrai, tout au moins en esprit. Le 15 juin devait bien être le jour J, qui serait marqué par des événements autrement importants que l'assassinat d'un seul homme. Si formidables en devaient être les conséquences que je ne pouvais blâmer Scudder d'avoir voulu faire jeu à part et de m'en avoir écarté. Car il était tout à fait clair que c'était là son intention. Ce qu'il m'avait confié était certes très important, mais ce n'était rien auprès de l'effrayant secret qu'il avait découvert, et dont il voulait être seul à tirer bénéfice. Non, je ne le blâmais pas. Au fond, c'était surtout le goût du risque qui l'animait.

L'histoire vraie était tout entière résumée dans ses notes, avec, bien entendu, des trous que sa mémoire suffisait à remplir. Il citait même ses sources et ses autorités, et, chose curieuse, il cotait leur valeur en leur attribuant des notes. Ainsi, par exemple, sur les quatre hommes qui constituaient ses références, il y en avait un, nommé Ducrosne, auquel il donnait cinq sur cinq, alors qu'un autre, Ammerfoot, n'était noté qu'à trois sur cinq. De toute évidence, le carnet de notes ne contenait que le simple schéma de l'histoire, mais il y avait des expressions étranges qui revenaient une demi-douzaine de fois, placées entre parenthèses : (*Trente-neuf marches*), et la dernière notation se lisait ainsi : (*Trente-neuf marches. Je les ai comptées. Marée haute, vingt-deux heures dix-sept.*) J'avoue que je n'y comprenais rien.

Le carnet m'avait d'abord appris qu'il n'était pas question d'arrêter la guerre. La guerre était certaine, son déclenchement était prévu et arrangé, disait Scudder, depuis février 1912. Karolidès devait en être le prétexte. Il était désigné et devait passer de vie à trépas le 15 juin, dans deux semaines et quatre jours à dater de ce matin de mai. Et rien au monde, affirmait Scudder, ne pouvait empêcher sa mort. Les fameux gardes épirotes, capables d'écorcher leurs grand-mères toutes vives, étaient pure invention.

Cette guerre serait pour l'Angleterre une guerre surprise. La mort de Karolidès mettrait les Balkans en ébullition, Vienne interviendrait en lançant un ultimatum, la Russie s'échaufferait, Berlin jouerait les médiateurs tout en versant de l'huile sur le feu, finirait par prendre parti, et attaquerait l'Angleterre dans les cinq heures. En somme, après des paroles mielleuses et de grands discours, le coup de poignard dans le dos. Et tandis que nous disserterions à perte de vue sur la volonté de paix et les bonnes intentions de l'Allemagne, nos côtes seraient truffées de mines, et les sous-marins allemands guetteraient nos navires de guerre.

Tout ceci cependant dépendait d'un dernier fait qui devait avoir lieu le 15 juin. Je n'aurais jamais compris de quoi il s'agissait si je n'avais rencontré naguère un officier d'état-major français, de retour de l'Afrique-Occidentale, qui m'avait révélé pas mal de choses. Et ceci, en premier lieu : en dépit de ce qui se débitait au Parlement, une solide alliance se forgeait entre la France et l'Angleterre, les deux états-majors se rencontrant de temps à autre pour établir des plans d'action commune en cas de guerre. Au début du mois de juin, un grand personnage français devait venir à Londres pour se faire remettre le détail du dispositif de la flotte britannique, le jour de la mobilisation. Du moins, c'est ce que j'avais compris ; quoi qu'il en soit, il s'agissait d'une chose extraordinairement importante.

Mais, le 15 juin, d'autres personnes devaient également se trouver à Londres – et sur ces autres personnes, je ne pouvais qu'émettre des suppositions. Scudder se contentait de les appeler collectivement *la Pierre Noire*. Ces gens-là étaient nos ennemis mortels ; l'information, destinée à la France, devait être interceptée par eux, ce qui se traduirait par un déchaînement d'artillerie lourde et de torpilles, une ou deux semaines plus tard, au beau milieu d'une nuit d'été.

Oui, telle était l'histoire que j'avais déchiffrée dans une petite chambre d'auberge, au-dessus d'un jardin potager. Et cette histoire grondait dans ma tête, cependant que je conduisais, de vallon en vallon, la grosse voiture de tourisme.

Mon premier mouvement avait été d'écrire une lettre au Premier ministre, mais je songeai, à la réflexion, que ce serait un geste parfaitement inutile. Qui me croirait ? Il me faudrait donner des preuves de ce que j'avançais ; or Dieu seul savait en quoi elles consistaient. Avant toute chose, mon devoir consistait à me tenir prêt à agir quand la situation serait mûre, et ce n'était pas une petite affaire, avec la police à mes trousses, et les hommes de *la Pierre Noire* me suivant à la trace !

En fuyant de la sorte, je n'avais pas de but bien précis, je roulais vers l'est en me dirigeant d'après le soleil, me souvenant qu'au nord je tomberais dans une région parsemée de puits de mines et de villes industrielles. Pour le moment, j'avais quitté le pays des bruyères et de la tourbe, et je traversais une vaste étendue verte, coupée par une rivière. Le mur d'un parc, le toit d'un vieux château, des maisonnettes coiffées de chaume, de paisibles ruisseaux, des jardins remplis de fleurs défilaient tour à tour sous mes yeux. Comment imaginer qu'au sein d'un paysage aussi riant et aussi calme des gens en voulaient à ma vie, et comment croire que dans un mois ces bonnes figures paysannes seraient ravagées par l'angoisse, et que des prés anglais seraient bientôt jonchés de cadavres ?

Il était à peu près midi lorsque j'entrai dans un village ; j'eus un moment l'intention de m'y arrêter pour manger un morceau. Le bureau de poste se dressait dans la rue principale, et sur le seuil la receveuse des postes, flanquée d'un policeman, était en train d'examiner un télégramme. Dès qu'ils me virent, le policeman s'avança, la main levée, et me cria de m'arrêter.

Assez sottement, je fus sur le point d'obéir. Fort heureusement, l'idée me vint que le télégramme devait me concerner, que là-bas, à l'auberge, mes amis avaient dû se mettre d'accord pour me regarder d'un peu plus près, et que rien ne leur avait été plus facile que de télégraphier mon signalement et celui de la voiture aux trente villages par lesquels je pouvais passer. Je n'eus que le temps d'accélérer. Le policeman essaya de me barrer la route, mais lorsqu'il vit le capot de ma voiture foncer sur lui, il n'eut lui aussi que le temps de faire un bond sur le côté.

Les grandes routes, décidément, étaient un lieu malsain : mieux valait prendre les petits chemins. Sans carte, ce n'était pas chose commode, car je courais le risque d'aboutir dans une mare ou dans la cour d'une écurie, et je ne pouvais me permettre aucun retard. Je commençais à comprendre qu'en m'emparant de cette voiture, je m'étais conduit comme un idiot. Pour me faire repérer, je n'avais rien trouvé de mieux que cette énorme machine. L'abandonner ? Partir à pied ? Elle serait découverte une heure ou deux plus tard, et je serais moi-même rattrapé...

Il ne me restait plus qu'à m'en remettre aux routes les plus solitaires. J'en trouvai une en suivant l'affluent d'une large rivière qui coulait dans une vallée encadrée de hautes collines ; cette route montait en zigzaguant jusqu'à un col. À coup sûr, elle était déserte, mais elle me menait trop au nord ; j'obliquai donc vers l'est en prenant un mauvais chemin de terre qui me conduisit à une double voie de chemin de fer. Une large vallée s'étendait sous mes yeux : peut-être pourrais-je y trouver une auberge isolée pour y passer la nuit ? Le soir tombait et j'étais affamé, car je n'avais rien pris depuis le matin, hormis deux petits pains, achetés à une charrette de boulanger.

Juste à ce moment, j'entendis un bruit au-dessus de ma tête : c'était cet infernal avion qui volait bas, à une vingtaine de kilomètres au sud, et qui fonçait vers moi.

Je descendis la colline à toute vitesse, tournant la tête chaque fois que cela m'était possible, pour voir où en était cette maudite machine volante. Je ne tardai pas à me trouver sur une route bordée de haies, où l'épais feuillage d'un petit bois me mit à couvert en me permettant de ralentir mon allure.

Hélas, mes tribulations n'étaient pas finies : à peine me croyais-je à l'abri que le ronronnement d'une automobile parvint à mes oreilles, et je m'aperçus avec horreur que j'allais buter sur deux poteaux marquant l'entrée d'une voie privée qui débouchait sur la grand-route. Mon klaxon lança un long cri d'agonie : trop tard. J'actionnai furieusement mais bien inutilement mes freins : déjà l'autre voiture était sur moi ; encore une seconde et l'accident se produisait. Je fis la seule chose possible : je lançai ma voiture dans le buisson de droite, espérant atterrir sur un sol mou.

Je m'étais trompé. À peine ma voiture était-elle entrée dans le buisson comme dans du beurre, qu'elle fit un plongeon formidable. Soulevé au-dessus de mon siège, cherchant à ouvrir la portière pour sauter sur le sol, je fus comme happé et retenu en l'air par une branche d'arbre accrochée à mes vêtements, tandis qu'une tonne ou deux de métal coûteux glissait sous moi, faisait deux ou trois tonneaux, et allait se jeter dans le lit de la rivière qui coulait vingt ou trente mètres plus bas.

La branche se délesta lentement de mon poids. Je tombai d'abord sur la haie, puis sur un lit d'orties. Comme j'essayais, péniblement, de me relever, une main secourable me saisit par le bras, et une voix sympathique et inquiète me demanda si je m'étais fait mal.

Je me trouvai face à face avec un grand jeune homme à lunettes, revêtu d'un manteau de cuir, qui se confondait en excuses. Au fond, je n'étais pas fâché de ce qui venait de se passer : sans le vouloir, j'avais trouvé le meilleur moyen de me débarrasser de la voiture.

– C'est moi, monsieur, qui suis fautif, lui dis-je. Encore heureux que je n'aie pas ajouté l'homicide à mes extravagances. Mon tour d'Écosse est fini, mais j'aurais pu aussi y laisser ma vie !

Le jeune homme sortit sa montre et parut se livrer à un calcul :

– Je peux disposer d'un quart d'heure et ma maison est à quelques minutes d'ici. Vous y trouverez de quoi dîner, une chambre, un bon lit, et des vêtements de rechange. Au fait, et vos bagages ? Partis dans la rivière, avec la voiture ?

– Ils sont là, dans ma poche, dis-je, en brandissant ma brosse à dents. Je suis un colonial et je voyage toujours sans bagages.

– Un colonial ! Mais c'est le ciel qui vous envoie ! Seriez-vous par miracle un Libre-Échangiste ?

– Bien sûr ! m'exclamai-je, sans avoir la plus faible idée de ce que cela voulait dire.

Il me donna une tape affectueuse sur l'épaule et me fit monter dans sa voiture. Trois minutes plus tard, nous nous arrêtions devant un confortable rendez-vous de chasse entouré de sapins, et il m'y fit entrer. M'ayant conduit dans une chambre à coucher, il étala devant moi une demi-douzaine de costumes, me priant de choisir celui qui m'irait le mieux. Ce n'était pas du luxe : le mien était littéralement en haillons. Je l'échangeai pour un costume de serge bleue, qui n'avait plus aucun rapport avec mon vieux vêtement, et j'y ajoutai un col blanc. Mon hôte me dirigea ensuite vers la salle à manger où les restes de son repas s'étalaient encore sur la table, et m'annonça que je disposais de cinq minutes pour dîner :

– Vous pouvez emporter ce que vous voudrez dans votre poche, et quand nous rentrerons, nous pourrons souper copieusement. Je dois être à huit heures au Hall maçonnique si je ne veux pas me faire passer un savon par mon agent électoral.

Tandis qu'il faisait les cent pas, j'avalai rapidement une tasse de café et quelques tranches de jambon froid.

– Vous me voyez dans le pire des embarras, monsieur... au fait, vous ne m'avez pas dit votre nom. Twisdon ? Vous ne seriez pas parent du vieux Tommy Twisdon ?... Vous comprenez, je suis le candidat libéral de la région, je dois parler ce soir à un meeting qui se tient à Brattleburn, la ville principale de ma circonscription, le fief bien connu des *tories*. L'ancien ministre des Colonies, Crumpleton, devait venir ce soir soutenir ma candidature, la ville est remplie d'affiches, tout le monde est prévenu, et voilà que cet après-midi je reçois une dépêche de ce misérable, me disant qu'il a attrapé la grippe à Blackpool... Vous vous rendez compte ? Je suis obligé de tenir la séance à moi tout seul ! Je pensais parler dix minutes, et maintenant je suis bon pour quarante minutes de discours ! J'ai beau me creuser la cervelle depuis trois heures, rien, absolument rien n'en sort. La tête sur le billot, je ne pourrais pas trouver une idée de plus. Écoutez : vous êtes sûrement un chic type. Vous allez m'aider. Puisque vous êtes Libre-Échangiste, vous pourriez expliquer ce qui se passe aux colonies, en fait de protection. Vous autres, coloniaux, vous avez le don de la parole – Dieu sait, hélas ! que j'en suis dépourvu ! Je vous en conjure, tirez-moi de ce mauvais pas, et je vous bénirai à jamais !

Je n'avais qu'une idée très vague de ce que c'était que le Libre-Échange, j'ignorais totalement si l'on devait être pour ou contre, mais comme il y allait de ma vie, je ne me sentais pas d'humeur à tergiverser. Ce bon jeune homme était trop absorbé par ses ennuis pour s'apercevoir de l'incongruité de sa demande : charger un inconnu, qui venait d'échapper à la mort et de perdre une voiture de deux millions, de faire un discours électoral à sa place et au pied levé était le fait d'un hurluberlu, mais je n'en étais plus à m'arrêter aux bizarreries, ni à choisir mes sauveteurs.

– Entendu ! dis-je. Je ne suis pas très bon orateur mais je pourrai tout de même leur parler un peu de l'Australie.

En entendant ces mots, mon hôte, transporté de joie, se perdit en effusions : je lui aurais sauvé la vie qu'il ne m'eût pas remercié davantage. Sans s'étonner que j'aie pu partir en voyage sans même emporter un manteau, il me prêta un ample pardessus d'auto et, tandis que nous roulions, il me conta l'histoire de sa vie. Orphelin de bonne heure, il avait été élevé par son oncle qui était membre du gouvernement et dont la presse reproduisait tous les discours. Après avoir quitté Cambridge, il avait fait le tour du monde, et, comme il ne savait pas quoi faire dans la vie, son oncle lui avait conseillé la politique. Dans quel parti ? Il n'avait, à vrai dire, aucune préférence.

– Il y a de braves types et des charlatans dans les deux, déclara-t-il gaiement. Je suis libéral parce que ma famille a toujours été *whig*.

Mais s'il n'était pas très calé en politique, il était, par contre, très ferré sur d'autres points : la chasse et les courses de chevaux par exemple. Au fond, un petit jeune homme pas très malin, mais tout ce qu'il y a de plus honnête.

Comme nous traversions un petit bourg, deux policemen nous firent signe de nous arrêter et nous examinèrent à la lanterne :

– Excusez-nous, sir Harry, déclara l'un d'eux, mais on nous a donné le signalement d'une voiture qu'il s'agit d'arrêter, et de loin, on n'a pas reconnu la vôtre...

– Il n'y a pas de mal, répondit mon hôte.

Grâce aux voies de la providence, qui sont impénétrables, comme chacun sait, j'étais sauvé. Mon compagnon avait pris la figure d'un condamné qui marche au supplice. Ses lèvres marmottaient des phrases inintelligibles, son regard était fixe, son air absent : il ne me restait qu'à me préparer à une seconde catastrophe. J'essayai de penser à ce que j'allais dire : en vain, aucune idée. Déjà la voiture s'arrêtait devant un grand portail, et de bruyants messieurs décorés d'insignes nous accueillaient avec les honneurs qui nous étaient dus.

La salle contenait à peu près cinq cents personnes, des femmes pour la plupart, beaucoup de têtes chauves, et une douzaine ou deux de jeunes gens. Le président de séance, un pasteur aux yeux d'écureuil et au nez rouge, déplora l'absence de Crumpleton, s'étendit sur la malignité de la grippe qui le retenait au lit, et me décerna le titre de « leader reconnu de la pensée australienne ». J'espérai que les policiers qui se tenaient à la porte prenaient note de ce témoignage. Puis, sir Harry prit la parole.

Lamentable. De ma vie, je n'avais entendu une chose pareille. Il tenait à la main un paquet de notes qu'il ânonnait comme un écolier de cinq ans, et chaque fois qu'il relevait la tête il se mettait à bégayer interminablement. De temps en temps, une phrase qu'il avait apprise par cœur lui revenait en mémoire, sans aucun lien avec ce qu'il venait de dire ; il lançait alors d'une voix grandiloquente, à la façon d'un tragédien, puis soudain, pris de court, se pliait en deux au-dessus de ses papiers, les feuilletait, s'y perdait, et recommençait à bégayer sans pouvoir s'arrêter. Le peu qu'on parvenait à comprendre était stupide. D'après lui, la « menace allemande » était une invention *tory* qui n'avait d'autre but que de priver les pauvres de leurs droits et d'endiguer le flot de réformes sociales qui feraient régner l'âge d'or. Fort heureusement, les travailleurs « conscients et organisés » n'étaient pas dupes : ils pouffaient de rire quand les *tories* leur débitaient cette grosse blague. Pour preuve de sa bonne foi, l'Angleterre devait au plus tôt réduire sa marine, et sommer l'Allemagne d'en faire autant, sous peine de se faire tirer les oreilles. Sans les *tories*, l'Angleterre et l'Allemagne vivraient dans la fraternité, la paix et le progrès social... Je ne pouvais m'empêcher de penser au petit carnet noir que j'avais dans ma poche !

Cependant, si curieux que cela paraisse, ce discours ne me déplut pas. En dépit de la sottise, des bégaiements, des truismes appris par cœur, la gentillesse de ce brave garçon transparaissait. Et aussi et surtout, je me sentais délivré d'un poids. Je ne suis certes pas un orateur, mais j'étais sûr d'être cent fois, mille fois meilleur que sir Harry.

Quand ce fut mon tour, eh bien, mon Dieu, cela ne marcha pas mal du tout. J'exposai, en termes très simples, tout ce que je savais de l'Australie, son *Labour Party*, le problème de l'émigration, son économie. Je crains fort d'avoir oublié de mentionner le Libre-Échange, mais lorsque j'annonçai qu'il n'y avait pas de *tories* en Australie, seulement des travaillistes et des libéraux, une salve d'applaudissements accueillit ma déclaration, et je réveillai l'auditoire en évoquant les merveilleuses affaires qu'on pourrait faire par tout l'Empire, si l'on se décidait enfin à retrousser ses manches.

J'ai la faiblesse de penser que j'eus un gros succès. Quoi qu'il en soit, je déplus au pasteur qui, en remerciant les orateurs, parla du discours de sir Harry comme de celui d'un « homme d'État », tandis que le mien, d'après lui, était marqué par l'« éloquence d'un agent de l'émigration ».

Quand nous eûmes regagné la voiture, mon hôte se montra fou de joie d'être débarrassé de sa corvée.

– Twisdon, me dit-il, vous avez fait un discours formidable ! Maintenant, je vous emmène chez moi. Je suis seul, et si vous me faites le plaisir de rester auprès de moi un jour ou deux, je vous montrerai un endroit où l'on peut faire de très bonnes pêches...

Après un souper chaud – dont j'avais réellement besoin –, nous prîmes un grog dans un vaste fumoir où pétillait un feu de bois. Pour moi, le moment était venu de mettre cartes sur table : on pouvait se fier à cet homme ; son regard honnête ne trompait pas.

– Écoutez, sir Harry, j'ai quelque chose de très important à vous dire. Vous êtes un chic type, je veux jouer franc-jeu avec vous. Où diable avez-vous été chercher les idioties que vous avez débitées ce soir ?

Son visage se décomposa :

– C'était si mauvais que cela ?... Oh ! je sais que je n'ai pas été brillant. Je me suis documenté dans le *Magazine Progressiste* et dans des brochures que m'envoie mon agent électoral. Voyons, vous ne pensez tout de même pas que l'Allemagne pourrait nous déclarer la guerre ?

– Posez-moi la question dans six semaines, et je serai dispensé de vous répondre. Accordez-moi seulement une demi-heure d'attention, je vais vous raconter une histoire...

Je revois encore la pièce brillamment éclairée, avec ses têtes de cerf et ses gravures anciennes accrochées aux murs, sir Harry debout devant la cheminée, et moi-même, carré dans un vaste fauteuil. Je m'étais en quelque sorte dédoublé : tandis que je parlais, un autre moi écoutait ma voix et jugeait attentivement la véracité du récit. C'était la première fois que je disais la vérité, toute la vérité à quelqu'un, ou tout au moins la vérité telle qu'elle m'apparaissait, et cela me faisait un bien infini : l'histoire n'en devenait que plus claire et plus solide dans mon esprit. Je n'oubliai aucun détail, tout y passa : Scudder, le laitier, le carnet noir, mes aventures à Galloway. Mon hôte, très excité, marchait de long en large devant la cheminée.

– Ainsi donc, sir Harry, lui dis-je en guise de conclusion, vous avez devant vous l'homme qui est recherché pour le meurtre de Portland Place. Votre devoir est de prendre votre voiture et d'aller me dénoncer à la police. Je n'irai sûrement pas très loin. Une heure ou deux après mon arrestation, il y aura un accident, et on me plantera un poignard dans le dos. Mais en tant que citoyen respectueux des lois, votre devoir est tout de même là. Peut-être le regretterez-vous dans un mois, mais il n'y a pas de raison pour que vous y pensiez en ce moment.

Il me regardait d'un œil fixe :

– Quelle était votre profession en Rhodésie, monsieur Hannay ?

– Ingénieur des mines. J'ai amassé ma petite fortune très proprement, et j'ai passé là-bas de bons moments.

– Votre métier n'était pas de ceux qui vous démolissent le système nerveux, hein ?

– Non, quant à cela, mes nerfs sont très solides, dis-je sans pouvoir m'empêcher de rire.

Je m'emparai de l'un des couteaux de chasse qui reposaient sur une étagère, et exécutai le vieux tour africain qui consiste à jeter le couteau en l'air et à le rattraper avec les dents. Tour qui exige des nerfs plutôt fermes. Il me regardait faire en souriant :

– Je n'ai besoin d'aucune preuve. Je me conduis peut-être en imbécile sur une estrade, mais je sais tout de même juger un homme. Vous n'êtes pas un assassin ni un cinglé, et je suis persuadé que vous dites la vérité. Je veux vous aider. Mais pour le moment, que puis-je faire ?

– Eh bien, pour commencer, je voudrais que vous écriviez à votre oncle. Il faut absolument que j'entre en contact avec les membres du gouvernement avant le 15 juin.

Il lissa sa moustache d'un air pensif :

– Cela ne servira pas à grand-chose. Ceci est l'affaire du Foreign Office et mon oncle ne s'en mêlera pas. En outre, vous n'arriverez pas à le convaincre. Non, je vais faire mieux. Je vais écrire au secrétaire permanent du Foreign Office : c'est mon parrain, et il est très large d'idées. Que faut-il lui dire ? (Il prit place devant une table et écrivit sous ma dictée, lui disant en substance que si un certain Twisdon – je pensai qu'il valait mieux garder ce nom – demandait à le voir avant le 15 juin, il devrait l'écouter avec bienveillance. Twisdon serait reconnaissable au fait qu'il prononcerait le mot de passe : *Pierre Noire*, et qu'il sifflerait *Annie Laurie*.) Parfait ! déclara sir Harry. C'est exactement le style qu'il fallait. Au fait, vous pourrez trouver mon parrain – qui, entre parenthèses, se nomme sir Walter Bullivant – à sa maison de campagne pendant les fêtes de la Pentecôte. C'est à deux pas d'Artinswell, sur la Kennet. Voilà qui est fait. Et maintenant, quoi d'autre ?

– Vous êtes à peu près de ma taille. Prêtez-moi votre plus vieux costume de tweed. N'importe lequel, à condition que sa couleur soit tout à fait différente de celui que j'ai déchiré cet après-midi. Ensuite, vous serez assez bon pour me montrer une carte de la région et m'en expliquer la topographie. Enfin, si la police vient me chercher, contentez-vous de lui montrer la voiture tombée dans la rivière. Et si les autres se présentent, dites-leur qu'aussitôt après le meeting j'ai pris l'express du Sud.

Il fit, ou tout au moins promit de faire, tout ce que je lui demandais. Je rasai ce qui me restait de moustache, et revêtis un vieux complet fait de cette étoffe qu'on appelle, je crois, laine de bruyère. La carte m'indiqua les deux choses que je désirais connaître : le lieu le plus proche où je pourrais prendre le train allant au sud, et les endroits les plus solitaires de la région.

À deux heures du matin, sir Harry me sortit de l'assoupissement où je m'étais plongé, et me conduisit dehors, dans la nuit étoilée. Il dénicha sous un hangar une vieille bicyclette et me l'offrit :

– Tournez d'abord à droite après avoir longé le bois de sapins. Quand le jour poindra, vous vous trouverez dans les collines. Jetez alors la bicyclette dans un fourré, et engagez-vous à pied sur le plateau. Vous pourrez passer une semaine au milieu des bergers avec autant de sécurité que si vous étiez en Nouvelle-Guinée.

À toute vitesse, sur les routes escarpées et caillouteuses, je pédalai jusqu'à l'aube. Et quand les rayons du soleil déchirèrent le brouillard, je me trouvai dans un vaste univers verdoyant, d'où partaient des vallées, et qu'un horizon bleu cernait dans les lointains. Ici, au moins, j'aurais rapidement des nouvelles de mes ennemis.

5

L'aventure du casseur de pierres

Juché sur un talus, au plus haut du col, je repérai ma position.

Derrière moi, une route qui montait en lacet jusqu'au sommet d'une montagne ; en face, un espace vide de deux kilomètres carrés environ, semé de joncs et de mares, et au-delà, la route qui descendait vers une vallée jusqu'à une plaine que la distance enveloppait d'un halo ; à droite et à gauche, de vertes collines arrondies ; au sud, des montagnes tapissées de bruyère. Le panorama que j'avais sous les yeux était immense. Dans les prairies, au-dessous de la route, je voyais fumer la cheminée d'un cottage, mais c'était le seul signe de vie humaine. À part cela, rien que des cris d'oiseaux et le gazouillis des ruisseaux.

Il était à peu près sept heures, et une fois de plus le vrombissement d'un moteur retentissait dans l'air ! Décidément, ma position avantageuse risquait de se transformer en piège. Allez donc cacher une souris sur une surface aussi nue !

Que faire ? Je n'osais plus bouger, et pourtant le bruit grandissait. À l'est, l'avion apparut, volant très haut, puis exécutant une descente, et ensuite tournant en cercles de plus en plus étroits, comme le faucon qui va fondre sur sa proie. Il était à présent très bas, en rase-mottes : je vis que l'un des occupants m'examinait à la jumelle.

Brusquement, l'avion reprit de la hauteur en fonçant à toute vitesse en direction de l'est ; bientôt il ne fut plus qu'un petit point noir dans le ciel bleu.

On peut imaginer les sentiments d'angoisse, mais aussi de volonté désespérée qui présidèrent à mes réflexions. « Voyons, me dis-je, je suis désormais repéré, et je vais être encerclé sans tarder. De quelles forces disposent mes ennemis ? Je n'en sais rien. Ce dont je suis sûr, c'est que ces forces seront suffisantes. Les occupants de l'avion ont vu ma bicyclette, ils vont donc en conclure que je m'échapperai par la route. Dans ce cas, j'aurai peut-être une chance de m'en sortir en obliquant soit à droite, soit à gauche. » Je fis donc rouler la bicyclette à une trentaine de mètres de la grand-route et la jetai dans un trou d'eau où elle s'enfonça sous la mousse et les herbes. Ensuite, je grimpai sur un monticule d'où je pus avoir une vue d'ensemble des deux vallées. Rien n'y bougeait.

J'ai dit que, dans toute cette étendue, il n'y avait pas de quoi cacher une souris. Le jour s'avançait, et en d'autres temps j'aurais adoré le paysage ; pour le moment, il m'oppressait : ce libre espace me faisait l'effet de murs de prison, l'air vif des montagnes me semblait aussi lourd que celui d'un cachot.

Je lançai en l'air une pièce de monnaie – pile, j'irais à gauche ; face, je prendrais à droite. Elle tomba sur face : je décidai d'aller au nord. Très vite, j'atteignis un promontoire qui représentait en quelque sorte le mur du col. La grand-route serpentait sous mes yeux sur une quinzaine de kilomètres, et je crus y voir quelque chose qui ressemblait à une automobile en marche. Les années que j'avais passées dans les grandes étendues de l'Afrique du Sud m'avaient donné des yeux perçants qui distinguaient ce que les autres ne peuvent voir qu'à la jumelle... Un peu plus bas, à quatre ou cinq kilomètres de distance, des hommes avançaient en rang, comme des chasseurs en train de faire une battue.

Comme ma silhouette se découpait contre le ciel, je m'empressai de descendre de mon poste d'observation. L'automobile que j'avais vue se rapprochait, mais elle était encore à bonne distance et avait à parcourir une montée difficile, avec toute une série de tournants en épingle à cheveux. Je pris mes jambes à mon cou, en me courbant le plus possible, sans cesser de scruter du regard la crête de la colline. Était-ce l'effet de mon imagination en délire, vis-je réellement des silhouettes – une, deux, peut-être plus – marcher dans une vallée, de l'autre côté de la rivière ?

Lorsqu'on est traqué de tous côtés dans un petit coin de terre, la seule chance d'échapper consiste à ne pas quitter le périmètre où l'on se trouve et à laisser l'ennemi chercher en se dérobant à sa vue. Mais en un lieu aussi nu, comment diable aurais-je pu échapper à la vue ? Je me serais volontiers enfoncé dans la boue jusqu'au cou, je me serais caché la tête sous l'eau, j'aurais grimpé aux arbres, mais il n'y avait pas un arbuste autour de moi, les petits trous d'eau avaient à peine trente centimètres de profondeur, et le ruisseau pas davantage. Rien, absolument rien dans les environs, que de la bruyère qui m'arrivait à la cheville, les flancs nus des collines, et la route blanche.

Ce fut à un coude de la route, à côté d'un tas de cailloux, que je rencontrai le casseur de pierres.

Il venait d'arriver et jetait son marteau à terre d'un air las. Il me considéra d'un œil interrogateur et se mit à bâiller :

– Maudit soit l' jour où j'ai cessé d'être berger ! proclama-t-il comme s'il s'adressait au monde en général. Au moins, j'étais mon maître ! Maintenant, j' suis l'esclave du gouvernement, j' peux pas quitter c'te sacrée route, et j' sens pus mon dos !

Il reprit son marteau, tapa sur une pierre, et lâcha l'instrument en jurant et en se tenant la tête à deux mains :

– Mais qu'est-ce que j'ai fait au bon Dieu ? J'ai la tête en feu !

Il était à peu près de ma taille, mais très voûté, ses joues et son menton étaient couverts d'une barbe d'une semaine, et il portait de grosses lunettes cerclées de corne.

– J' peux pas, répétait-il, j' peux pas ! J' suis bon qu'à aller me coucher !

Bien que son mal fût évident, je lui demandai ce qu'il avait :

– C' que j'ai, ben, c'est d' la faute à la bouteille. Ma fille Merran, a s'a mariée la nuit dernière, et y-z-ont dansé comme ça jusqu'au petit jour. Moi et les copains on s'est assis à boire, et voilà ! Si seulement j'avais pas regardé c'te bouteille quand elle était pleine de vin rouge !

Je reconnus avec lui qu'il ferait mieux de se mettre au lit.

– Facile à dire ! Mais j'ai reçu eun' carte où y avait marqué qu' le nouveau surveillant d' la route, y passerait ici aujourd'hui. Si y vient, et qu'y me trouve pas, ou si y vient et qu'y m' voit saoul, j' suis foutu. Moi, j' demande qu'à aller au lit et à dire que j' suis pas bien, mais ça servira pas à grand-chose, y savent c' que ça veut dire quand j' dis que j' suis pas bien...

J'eus alors une inspiration :

– Est-ce que le nouveau surveillant vous connaît ? lui demandai-je.

– Pas lui. Y a qu'eun' semaine qu'y a été nommé. Y se balade dans une auto qu'est rudement chouette !

– Où est votre maison ?

D'un doigt tremblant, il me montra le petit cottage dressé au bord de la rivière.

– Bon. Retournez au lit, lui dis-je, et dormez en paix. Je vais faire votre boulot, et je verrai le surveillant à votre place.

Il commença par écarquiller les yeux, puis, l'idée faisant son chemin dans sa cervelle embrumée par les vapeurs de l'alcool, sa figure ébaucha le sourire vacant de l'ivrogne :

– Eh ben, vous êt' un pote ! Vous savez, vous en faites pas. J'ai fini ce tas-là, et ça suffit pour ce matin. Vous avez qu'à prendre la brouette et à porter les pierres un peu plus bas, là, vous voyez, et ça fera l' tas pour demain matin. Mon nom, c'est Alexander Trummle, ça fait sept ans que j' casse des cailloux ; avant, j' faisais l' berger, et j' l'ai fait pendant vingt ans. Les copains, y m'appellent Ecky, et même que'qu'fois Lulune, pasque j' porte des lunettes. Y faudra parler poliment au surveillant, et lui dire monsieur, ça lui fera plaisir. Bon. À tout à l'heure !

Je lui empruntai ses lunettes et son chapeau crasseux, lui remis mon pardessus, ma veste et mon col pour qu'il les emporte chez lui, et le priai de me prêter en supplément son ignoble pipe de terre. Sans demander son reste, il disparut en trébuchant. Il pensait sûrement à son lit, mais j'eus comme une idée qu'un petit quelque chose resté au fond d'une bouteille l'attirait également...

Il s'agissait maintenant de me préparer au plus vite à jouer mon rôle. J'ouvris le col de ma chemise – une chemise bon marché, à carreaux bleus et blancs, comme en portent les paysans – et donnai de l'air à un cou aussi brun que celui d'un professionnel. En retroussant mes manches, je découvris un avant-bras bronzé et parsemé de cicatrices qu'un forgeron n'eût pas renié. Je saupoudrai mes souliers de la poussière de la route et relevai mon pantalon jusqu'aux genoux en l'attachant avec une ficelle. Ensuite, ce fut le tour de ma figure. En prenant une poignée de poussière, je mar-

quai autour de mon cou la place où les ablutions domini-
cales de M. Trummle devaient normalement s'arrêter. Un
bon petit frottis de poussière aussi sur mes joues. Et comme
les yeux d'un casseur de pierres devaient être enflammés, je
dispensai un peu de poussière aux miens, qui, congrûment
frottés, devinrent vite tout à fait rouges.

Les sandwiches que sir Harry m'avait donnés s'en étaient
allés avec mon manteau, mais le déjeuner de M. Trummle,
enveloppé dans un mouchoir rouge, était à ma disposition.
Je dévorai ses grosses tartines de pain et de fromage et bus
un peu de son thé froid. Dans le mouchoir, un journal du
cru, entouré d'une ficelle, était vraisemblablement destiné à
distraire M. Trummle pendant la pause de midi ; je refis les
nœuds du mouchoir et plaçai le journal à côté, bien en évidence.

Seules mes chaussures n'étaient pas au point, mais en
envoyant de bons coups de pied dans les cailloux, je finis par
les écorcher tant et si bien qu'elles prirent un petit air
authentique qui me parut du meilleur aloi. Ensuite, je me
rongeai et me grattai les ongles pour les user et les craqueler,
puis je défis mes lacets de chaussures en laissant mes
grosses chaussettes grises tire-bouchonner au-dessus de la
tige. La route était toujours déserte. L'automobile que j'avais
repérée une demi-heure auparavant s'était fondue dans le
décor.

Ma toilette achevée, j'empoignai les brancards de la
brouette, et me mis en devoir de transporter mes cailloux
d'un empierrement à un autre.

Je me souvins qu'en Rhodésie un vieux policier m'avait dit
que pour bien jouer un rôle, il fallait se mettre totalement
dans la peau de son personnage. Je chassai donc toute autre
pensée de mon esprit et m'attachai à me remémorer les
vingt ans que j'avais passés à garder les troupeaux, à me
représenter comme mienne la petite maison blanche nichée
dans la verdure, et à m'imaginer couché sur ma paillasse,
avec une bouteille de whisky enfouie à mes côtés. Et toujours rien sur la longue route blanche !

De temps en temps, un mouton égaré sortait de la bruyère
pour me fixer de son œil rond ; un héron s'abattit sur la
rivière et se mit à pêcher, sans plus s'occuper de moi que si
j'avais été une borne. Je continuais toujours à transporter
mon chargement de pierres du pas lourd d'un professionnel.

Le travail me faisant transpirer, la poussière répandue sur mon visage ne tarda pas à se transformer en croûte brunâtre et solide. Déjà je commençais à compter les heures qui marqueraient la fin de cette monotone besogne.

Soudain, une voix aiguë se fit entendre sur la route, et, levant la tête, je vis s'arrêter devant moi une petite Ford à deux places, où trônait un jeune homme à figure ronde, coiffé d'un chapeau derby.

– Hé! vous êtes bien Alexander Trummle? Je suis le nouveau surveillant de la route. Vous habitez Blackhopefoot? Et vous êtes chargé du secteur de Laid-Lawbyres? Bon! C'est un bon bout de route, hein? Enfin, ce n'est pas mal fait. Il faudra nettoyer un peu les côtés, hein, veillez-y! Au revoir. La prochaine fois que vous me verrez, vous me reconnaîtrez.

Visiblement, mon déguisement était passé inaperçu aux yeux du surveillant tant redouté. Je me remis à l'ouvrage, et, à l'approche de midi, la route s'anima quelque peu. Une voiture de boulanger s'arrêta pour me vendre un sac de gâteaux au gingembre que je fourrai dans ma poche de pantalon en cas de besoin. Quelques instants plus tard, un berger menant son troupeau m'interpella d'une voix tonnante:

– Et alors, Lulune, qu'est-ce qu'y fait?

– L'est au lit, avec la colique!

Sans en demander davantage, le berger poursuivit son chemin.

Mais comme midi allait sonner, une grosse voiture descendit la colline, passa en trombe devant moi et s'arrêta à une cinquantaine de mètres. Trois occupants en descendirent, qui paraissaient vouloir se dégourdir les jambes, mais qui se précipitèrent vers moi.

Je reconnus les deux hommes que j'avais aperçus de ma fenêtre, à l'auberge de Galloway – l'un, svelte, avait le cheveu noir, l'autre était rondouillard et souriant. Le troisième, habillé d'un pantalon de golf mal coupé, l'œil aussi rond que celui d'une poule, avait l'air d'un vétérinaire ou peut-être d'un petit fermier.

– 'Jour! fit-il. C'est pas bien dur ce que vous faites là!

À leur approche, je n'avais pas relevé la tête, mais puisqu'ils m'accostaient, je redressai mon dos lentement, péniblement, comme le font les casseurs de pierres, puis j'envoyai un jet de salive, comme les gens du peuple en

Écosse, et avant de répondre, je les regardai fixement. Trois paires d'yeux me détaillaient des pieds à la tête.

– Y a des métiers plus durs et y en a de moins durs ! répliquai-je d'un ton sentencieux. Moué, j'aime mieux l' vôt', assis tout' la journée sur des coussins ! C'est vous, avec vos vaches de vouétures, qui m' bousillez ma route ! Si on était juste, on d'vrait ben vous faire réparer c' qu' vous bousillez !

L'homme à l'œil bête regardait le journal posé près du baluchon de Trummle.

– Je vois que vous recevez vos journaux de bonne heure !

– De bonne heure, si on veut. Ce journal, il est de samedi dernier, j'ons seul'ment qu' six jours de retard !

L'homme ramassa le journal, jeta un coup d'œil sur la date, et le remit à sa place. L'un des deux autres, qui regardait mes chaussures, fit en allemand une réflexion à leur propos.

– Vous avez là de bien belles bottes ! reprit le porte-parole du trio. Elles n'ont sûrement pas été faites par un cordonnier de campagne.

– Eh pardi non ! Al' viennent de Londres ! C'est l' monsieur qu'a v'nu ici chasser l'année dernière qu'y m'en a fait cadeau !... Comment donc qu'y s'appelait ?

Le petit maigre parla de nouveau en allemand :

– Ne perdons pas de temps. Ce bonhomme n'est pas suspect.

J'eus encore à subir une dernière question :

– Dites donc, vous n'avez vu passer personne ce matin de bonne heure ? Soit à bicyclette, soit à pied ?

Je faillis tomber dans le piège en racontant que j'avais vu passer un cycliste qui filait à toute vitesse le matin même au point du jour. Mais je fus cependant assez malin pour flairer le danger. Je fis semblant de réfléchir intensément.

– C'est que je m' suis point levé d' bonne heure ! J'avions marié ma fille, la nuit dernière, et on s'est couchés tard. J'avions ouvert la porte su' les sept heures, et y avait personne su' la route. D'puis, y a eu que l' boulanger et l' berger de Ruchill, et pis vous aut'.

L'un d'eux me fit cadeau d'un cigare que je reniflai avec concupiscence et fourrai dans le baluchon de Trummle. Ils remontèrent en voiture ; au bout de trois minutes, ils avaient disparu.

De soulagement, mon cœur se mit à battre la chamade, mais je n'en continuai pas moins à pousser ma brouette. Et je fis bien, car dix minutes plus tard la voiture revenait, et l'un des occupants me fit un signe de la main. Décidément, ces messieurs ne laissaient rien au hasard.

Il ne restait plus rien du pain et du fromage de Trummle, et ma besogne était presque achevée. Qu'allais-je faire ? Je ne pouvais continuer longtemps mon rôle d'empierreur de route. La providence, compatissante, avait gardé chez lui M. Trummle, mais s'il entrait en scène, cela pouvait faire du vilain. En outre, j'avais le sentiment que le cordon se resserrait, et que si je m'en allais dans quelque direction que ce fût, je rencontrerais des gens curieux. Pourtant, il fallait en sortir. Cela faisait plus d'une journée que j'étais traqué de tous côtés ; mes nerfs ne résisteraient pas bien longtemps.

Je restai à mon poste jusqu'à cinq heures. Entre-temps, je m'étais résolu à descendre à la nuit tombée jusqu'à la maison de Trummle, puis à traverser la montagne à la faveur de l'obscurité. Et voilà que soudain une automobile apparut sur la route et ralentit en passant devant moi. Le vent s'était levé, et le conducteur cherchait à allumer une cigarette.

C'était une automobile de tourisme dont l'arrière était bondé de bagages de toutes sortes, et, par le plus miraculeux des hasards, je reconnus le conducteur. Marmaduke Jopley – c'était son nom – était, plus qu'une erreur de la nature, une véritable offense à la création. Agent de change marron, il s'était enrichi en faisant chanter des fils de famille et des vieilles dames un peu toquées. Invité partout – à tous les bals, toutes les parties de polo, tous les week-ends dans les résidences princières –, « Marmie » était un adroit trafiquant de scandales ; il aurait rampé sur le ventre pendant des kilomètres pour se faire bien voir de quiconque possédait un titre ou un million de livres sterling. Lors de mon arrivée à Londres, je m'étais présenté à sa banque avec une lettre d'introduction, et il avait été assez bon pour m'inviter à dîner à son club. Il y fit un tel étalage de ses invitations chez les duchesses que j'en fus écœuré. Et comme, un peu après, je demandais à quelqu'un pourquoi personne ne lui bottait les fesses, il me fut répondu que les Anglais avaient pour habitude de respecter le sexe faible.

Quoi qu'il en soit, il était là, au volant d'une voiture de luxe, vêtu avec la plus grande recherche, et vraisemblablement en route vers quelque demeure ducale. Une idée folle me saisit : je sautai à l'arrière de la voiture, en plein dans les valises, et l'empoignai par les épaules :

– Hello ! Jopley ! Quelle heureuse rencontre !

Il se retourna, terrifié :

– Qui diable êtes-vous ?

– Hannay ! De Rhodésie. Vous vous souvenez ?

– Seigneur Dieu ! Le meurtrier !

– Comme vous dites. Et si vous ne faites pas ce que je vous dis, il y aura bientôt un second meurtre ! Allez, passez-moi votre pardessus ! Et votre chapeau !

Blême, tremblant, il obéit. En moins de temps qu'il n'en faut pour le dire, le poussiéreux casseur de pierres était devenu le plus élégant automobiliste de toute l'Écosse. J'avais boutonné jusqu'au cou son superbe manteau d'auto afin de dissimuler l'absence de col et la grossièreté de ma chemise, j'avais enfoncé son chapeau sur ma tête et enfilé ses gants. Quant à l'innommable couvre-chef de Trummle, d'autorité j'en avais coiffé M. Jopley en lui intimant l'ordre de ne point l'ôter.

Ensuite, non sans difficulté, je tournai la voiture. Mon plan consistait à retourner sur la route qu'il avait prise, car les guetteurs, qui l'avaient vu passer un peu auparavant, le laisseraient certainement passer une seconde fois.

– Maintenant, mon garçon, lui dis-je, restez bien tranquillement assis et soyez gentil. Je ne vous veux aucun mal. J'emprunte tout simplement votre voiture pour une heure ou deux. Mais si vous avez le malheur de tricher, et surtout si vous ouvrez le bec, aussi sûr qu'il y a un Dieu là-haut, je vous tords le cou. Compris ?

Cette course dans le soir fut délicieuse. La voiture roula pendant une douzaine de kilomètres dans la vallée, et traversa deux ou trois villages où je ne pus m'empêcher de remarquer des gens bizarres flânant dans les rues principales. Ils nous laissèrent passer sans témoigner la moindre curiosité ; l'un d'eux même toucha sa casquette en guise de salut, et je lui répondis le plus gracieusement du monde.

Comme la nuit tombait, j'obliquai vers une vallée latérale, qui, d'après la carte, menait, je m'en souvenais, vers une région peu fréquentée. Au bout de quelques kilomètres, nous avions en effet laissé derrière nous villages, fermes, et même petits cottages isolés. La nuit s'épaississant, je m'arrêtai au bord d'une tourbière parfaitement solitaire. Obligeamment, je fis faire un tour à la voiture et la rendis à son propriétaire :

– Mille remerciements ! lui dis-je. Au moins, vous aurez servi à quelque chose dans votre vie ; je ne m'en serais jamais douté. Maintenant, allez donc chercher la police.

Assis sur un petit promontoire, et regardant s'éloigner les feux rouges de la voiture, je songeai à toutes les sortes de délits que je venais d'accumuler. Contrairement à la croyance générale, je n'étais pas un assassin, mais j'étais devenu un fieffé menteur, un imposteur impénitent, et un bandit de grands chemins, porté sur les voitures de luxe.

6

Le collectionneur chauve

Je passai la nuit sur la colline, à l'abri d'un amas de rochers, sur un petit tertre tapissé de bruyère. Le froid me mit à rude épreuve : j'avais confié ma veste et mon manteau à M. Trummle, en même temps que le carnet de Scudder, ma montre, et, pire encore, ma pipe et ma blague à tabac. Je ne portais sur moi que mon argent, caché dans ma ceinture, et une demi-livre de gâteaux au gingembre dans la poche de mon pantalon.

Après avoir absorbé la moitié de mes gâteaux en guise de dîner, je me pelotonnai dans la bruyère pour me protéger quelque peu du froid. Je reprenais courage ; cet absurde jeu de cache-cache commençait même à m'amuser. Jusqu'à présent, ma chance avait été miraculeuse. Le laitier, l'aubergiste poète, sir Harry, le casseur de pierres : autant de bienheureux hasards parfaitement immérités. Quoi qu'il en soit, ce premier succès me donnait le sentiment que je finirais par réussir.

Ce qui me tourmentait cruellement, c'était la faim. Le souvenir des délicieux repas que je prenais à Londres sans y faire attention me torturait. Et dire que je dédaignais si souvent les saucisses grillées de Paddock, ses odorantes tranches de bacon, ses œufs pochés ! Ah ! les belles côtelettes du club, et cet appétissant jambon fumé qui trônait parmi les viandes froides, qu'ils me paraissaient délectables ! Je passai en revue tous les mets délicieux que je connaissais, et j'arrêtai mon choix sur un steak bien épais, suivi d'un *welsh rabbit*, le tout accompagné d'une bonne bouteille de bière...

Je me réveillai transi, les jointures toutes raides. À bout de forces, j'avais dormi comme une souche, si bien qu'il me fallut quelques instants avant de reconnaître l'endroit. J'entrevis tout d'abord le bleu pâle du ciel à travers les branches de bruyère, puis le flanc pansu d'une colline, et ensuite mes souliers, rangés avec grand soin sous la broussaille. Je pris appui sur mes coudes pour me relever, et je n'eus besoin que d'un coup d'œil jeté sur la vallée pour me précipiter sur mes chaussures et les lacer en toute hâte.

Car, à cinq cents mètres de distance, une rangée d'hommes disposés en éventail encerclait la colline en battant la bruyère. Marmie n'avait pas été long à prendre sa revanche.

Je descendis du tertre en rampant, et me cachai derrière un rocher, d'où je gagnai une petite tranchée qui serpentait sur l'autre versant de la montagne ; cela me permit de grimper jusqu'au sommet. Un rapide regard derrière moi : je n'étais pas encore repéré. Mes assaillants fouillaient patiemment les buissons et ils se rapprochaient.

Je courus à perdre haleine pendant un kilomètre environ, mais j'eus l'imprudence de me montrer : aussitôt l'un des rabatteurs m'aperçut et passa le mot à ses collègues. J'entendis des cris monter vers moi, et la ligne de la battue changea de direction. Je fis semblant de remonter vers le sommet, mais à la vérité, je repris le chemin que j'avais déjà emprunté, et en vingt minutes, je me retrouvai sur l'arête qui dominait l'endroit où j'avais dormi. Et j'eus alors la joie de voir les rabatteurs filer vers le haut de la vallée, sur une fausse piste.

J'avais le choix de la direction : je me décidai pour une chaîne de montagnes placée à l'angle de celle où je me trouvais, et ne fus pas long à mettre entre mes ennemis et moi-même l'espace d'une vallée. La course m'avait réchauffé et je m'amusais prodigieusement. Tout en courant, j'avais mangé les dernières miettes de mes biscuits au gingembre.

Au fond, je ne savais pas du tout ce que j'allais faire ; je me fiais à l'élasticité de mes jambes, mais je savais pertinemment que ceux qui étaient derrière moi connaissaient la région, alors que j'étais, moi, en pays inconnu, ce qui représentait un handicap très lourd. La chaîne montagneuse que j'avais choisie s'abaissait assez abruptement vers un plateau qui formait comme une poche entre les pics. Et pourquoi, après tout, ne pas aller par là ?

Mon stratagème m'avait donné de l'avance – vingt minutes à peu près – et quand je vis pointer les premières têtes des assaillants, j'avais toute la largeur d'une vallée derrière moi. De toute évidence, la police avait fait appel aux talents locaux, car les hommes que j'apercevais avaient l'air de bergers ou de gardes-chasse. Ils poussèrent des cris en me voyant, et j'agitai la main en guise de réponse. J'avais tout à fait l'impression de jouer aux gendarmes et aux voleurs.

Mais le jeu ne dura pas longtemps. Les hommes lancés à ma poursuite étaient de rudes gaillards, à l'aise sur leur bruyère natale. Trois d'entre eux seulement avançaient droit vers moi, tandis que les autres faisaient un détour pour me couper la route.

Dans un grand sursaut d'énergie, je dégringolai vers le plateau de tourbe, traversai un ruisseau et me trouvai sur une route qui offrait un passage entre deux vallées. En face de moi, un vaste champ de bruyère s'étendait jusqu'à une crête couronnée d'un bouquet d'arbres. Sur l'un des bas-côtés de la route, une barrière dressée au-delà du fossé marquait la limite d'un petit sentier herbeux qui serpentait sur les contreforts du plateau.

Je sautai par-dessus le fossé et suivis le sentier qui, au bout d'une centaine de mètres, fit place à une route fort respectable et ma foi fort bien entretenue. Il devait y avoir une maison au bout de cette route. Et si ma chance ultime se trouvait dans cette demeure isolée ? Ici, en tout cas, il y avait des arbres, c'est-à-dire de quoi s'abriter.

Par mesure de précaution, au lieu de suivre la route, je longeai le bord d'un ruisseau qui la flanquait à droite et coulait entre des buissons formant écran. Heureuse inspiration : la meute acharnée après moi se profilait déjà sur la crête que je venais de quitter !

Je n'avais plus une seconde à perdre ; je m'élançai donc en courant le long du ruisseau, pas toujours sur ses bords, mais la plupart du temps en plein dans l'eau. Je passai devant un cottage désert, entouré d'un jardin abandonné, et ne tardai pas à atteindre une plantation de sapins rudement éprouvés par le vent. Et enfin, sur ma gauche, à peu de distance, j'aperçus une cheminée d'où s'échappait de la fumée. M'éloignant du ruisseau, traversant un autre fossé, je me trouvai – sans m'en apercevoir pour ainsi dire – sur une pelouse assez mal soignée, et plantée çà et là de massifs de rhododendrons. Une volée de corbeaux s'enfuit à mon approche.

La maison que j'avais devant moi était du type des fermes de la région, mais flanquée d'une aile blanche, d'un style très prétentieux. Et, à travers la véranda de verre qui la jouxtait, je pus voir le visage d'un vieux monsieur qui m'observait d'un air paterne.

La porte de la véranda étant ouverte, j'y pénétrai sans plus de façons et me trouvai dans une pièce fort agréable et tapissée de livres. Le parquet supportait non point des tables, mais des vitrines remplies de collections de pièces de monnaie anciennes et de pierres préhistoriques, comme on en voit dans les musées.

Au milieu de la pièce se dressait un bureau devant lequel le vieux monsieur était assis, avec des tas de papiers et de livres ouverts devant lui. Sa face était ronde et luisante, comme celle de M. Pickwick ; il portait de grosses lunettes au bout de son nez, et son crâne était aussi brillant et aussi nu qu'une bouteille de verre. Il ne fit pas un mouvement en me voyant entrer et se contenta de relever placidement les sourcils en attendant que je prenne la parole.

Quand vous avez à peine cinq minutes devant vous, allez donc expliquer qui vous êtes à un inconnu, ce que vous voulez, et ce que vous attendez de lui ! Je ne tentai pas de le faire. Il y avait dans l'œil de cet homme quelque chose de si pénétrant et de si vif que j'en restai littéralement sans voix.

– Vous paraissez bien pressé, mon ami ! proféra-t-il lentement. (Je fis un signe de tête en regardant du côté de la fenêtre. Une ouverture, taillée dans la plantation de sapins, laissait apercevoir le panorama du plateau, et montrait les silhouettes qui s'agitaient à travers la bruyère.) Ah ! Ah ! Je vois ! (Ce disant, il prit une paire de jumelles afin de mieux scruter les silhouettes.) Un fuyard qui essaie d'échapper à la justice, hein ? Bon. Nous examinerons cette affaire à loisir. En attendant, je n'admets pas que la police rurale fasse ainsi irruption chez moi. Allez dans mon bureau, vous y verrez deux portes. Ouvrez celle de gauche et fermez-la derrière vous. Vous serez tout à fait en sûreté.

Sur ces mots, l'extraordinaire bonhomme reprit sa plume.

Je fis ce qui m'était prescrit, et me trouvai dans un petit cabinet noir qui sentait la pharmacie et n'était éclairé que par une lucarne placée très haut dans le mur. La porte s'était refermée derrière moi avec un petit déclic assez semblable à celui que fait la porte d'un coffre-fort. J'avais trouvé une fois de plus un refuge assez imprévu.

Malgré tout, je ne me sentais pas à mon aise. Ce vieux monsieur avait quelque chose d'inquiétant, et je dirai même de terrifiant. Quelle promptitude à me rendre service ! On aurait dit qu'il m'attendait. Et ce regard, ce regard affreusement, horriblement intelligent !

En ce lieu obscur, aucun bruit ne me parvenait. À coup sûr, la police devait être en train de fouiller la maison ; si oui, elle chercherait certainement à savoir ce qu'il y avait derrière cette porte. Je m'efforçai de me dominer et d'oublier la faim qui me tenait aux entrailles.

Allons, courage ! Le vieux monsieur ne refuserait pas de me donner à manger. Voyons, que prendrais-je, en fait de petit déjeuner ? Du bacon et des œufs, sans doute ; mais alors, une cinquantaine d'œufs, et tout le maigre du bacon... L'eau m'en venait déjà à la bouche, lorsque j'entendis le déclic et vis s'ouvrir la porte.

Au centre de la pièce qu'il appelait son bureau, le maître de maison, assis dans un fauteuil profond, me considérait d'un œil curieux. Je m'empressai de demander :

– Ils sont partis ?

– Ils sont partis. Je les ai persuadés que vous aviez traversé la colline. Je ne tiens pas à ce que la police intervienne auprès de quelqu'un que je suis ravi de recevoir chez moi. Pour vous, c'est le matin de la chance, monsieur Richard Hannay !

Tandis qu'il parlait, ses paupières paraissaient trembler et s'abaisser légèrement sur ses yeux gris. En un éclair, la phrase de Scudder me revint à l'esprit, quand il m'avait décrit l'homme qu'il redoutait le plus au monde. « Il ferme les yeux comme un hibou », avait-il dit. Ainsi, j'avais donné tout droit dans le quartier général de l'ennemi !

Ma première impulsion fut d'étrangler ce vieux bandit et de m'enfuir. Il dut prévoir mon intention, car il sourit aimablement et fit un signe de tête du côté de la porte qui se trouvait derrière moi. En me retournant, je vis deux domestiques braquant sur moi leurs pistolets.

Le gredin connaissait mon nom, mais il ne m'avait jamais vu. La réflexion faisant son chemin dans mon cerveau, j'entrevis une lueur d'espoir.

– Je ne comprends pas ce que vous dites. Qui est Richard Hannay ? Moi, je m'appelle Ainslie.

– Vraiment ? fit-il, souriant toujours. Naturellement, vous avez des quantités de noms. Quoi qu'il en soit, ne nous disputons pas pour cela.

Revenant à moi, je songeai que mon attirail vestimentaire (j'étais sans veste, sans manteau, sans col) n'était pas fait pour me trahir. Je pris mon air le plus brutal et haussai les épaules.

– D'après ce que je vois, vous allez me donner. Eh bien, moi, j'appelle ça une saloperie. Si seulement j'avais pas rencontré cette garce d'auto, ça serait pas arrivé. Tenez, voilà l'argent, et allez vous faire fiche !

D'un geste large, je jetai quatre souverains sur la table. Il entrouvrit les yeux :

– Oh ! non, je ne vous donnerai pas. Nous avons, mes amis et moi, un petit compte à régler avec vous. C'est tout. Vous en savez un petit peu trop, monsieur Hannay. Vous êtes un bon acteur, mais pas tout à fait assez bon.

Il parlait avec assurance, mais je constatai qu'un léger doute s'élevait tout de même dans son esprit.

– Ça va, ça va, m'écriai-je, arrêtez un peu ! Tout est contre moi. J'ai eu que de la déveine depuis que j'ai abordé à Leith. On peut tout de même pas reprocher à un pauvre diable qu'a l'estomac vide d'avoir pris un petit peu d'argent dans une voiture abandonnée ! J'ai pas fait autre chose, et il faut qu'on me poursuive pendant deux jours sur ces vaches de collines. Eh ben, j'en ai assez, c'est moi qui vous le dis ! Vous pouvez faire ce que vous voulez. Ned Ainslie, il a plus de force pour se battre !

Le doute se fortifiait, c'était visible.

– Voulez-vous avoir l'obligeance de me raconter ce que vous avez fait, ces jours derniers ? demanda-t-il.

– Mais j' peux pas, patron ! m'écriai-je avec le véritable accent d'un vagabond. J'ai pas mangé depuis deux jours. Donnez-moi seulement de quoi bouffer, et je vous dirai la vérité !

Il faut croire que la faim altérait mes traits, car il fit signe à l'un des hommes qui se tenaient sur le seuil de la porte. Un pâté froid, accompagné d'un verre de bière, me fut servi ; je dévorai le tout comme un porc, ou plutôt comme Ned Ainslie, car je tenais à jouer mon personnage jusqu'au bout. Au cours de mon repas, le vieil homme m'adressa soudain la parole en allemand, mais je me contentai de tourner vers lui un regard bovin.

Ensuite, je lui racontai mon histoire : une semaine auparavant, j'avais débarqué à Leith, venant d'Arkhangel, et je me rendais à pied chez mon frère, qui habitait Wigtown. Je me trouvais sans argent – je fis vaguement allusion à une beuverie – lorsqu'en regardant à travers le trou d'une haie, j'avais vu une grosse voiture abandonnée dans un ruisseau. Je m'étais approché pour voir ce qui s'était passé, et j'avais trouvé trois souverains sur le siège, et un autre par terre. Comme il n'y avait personne, que le propriétaire de la voiture n'était pas là, eh bien, j'avais empoché cet argent. Mais quand j'avais voulu changer un souverain chez un boulanger, la patronne avait appelé la police, et un peu plus tard, tandis que je me débarbouillais dans un ruisseau, j'avais été à deux doigts d'être pris, et je m'étais sauvé en laissant derrière moi veste et manteau.

– Je ne demande qu'à leur rendre l'argent, m'écriai-je. Pour ce que j'en ai profité ! Tous les paroissiens du comté se sont mis à mes trousses. Si c'était vous, patron, qu'avez trouvé le fric, je vous garantis qu'on vous aurait rien fait !

– Vous êtes un fier menteur, Hannay, observa mon interlocuteur.

Du coup, je fus pris d'un accès de rage :

– Vous, vous allez me laisser tranquille ! Je vous dis que je m'appelle Ainslie, et que j'ai jamais entendu parler de personne qui s'appelle Hannay. J'aime cent fois mieux avoir affaire aux flics qu'à vous, avec vos Hannay, et vos larbins à gueule de singe avec leurs pistolets... Non, je vous demande pardon, patron, c'est pas ça que je voulais dire... Merci pour le déjeuner, et merci de me laisser partir, maintenant que la voie est libre.

Il était très embarrassé, cela se voyait. Il ne m'avait encore jamais vu, et je ne devais guère ressembler à mes photographies, si toutefois il en avait une. À Londres, j'étais vêtu avec la dernière élégance, alors que maintenant, j'offrais l'image parfaite du vagabond.

– Je ne me propose pas de vous laisser partir, dit-il. Si vous êtes ce que vous dites, vous aurez sans tarder la possibilité de vous justifier. Mais si vous êtes ce que je crois, je n'ai pas l'impression que vous verrez longtemps la lumière du jour. (Il agita une sonnette, et un troisième domestique venu de la véranda fit son apparition.) Que la Lanchester soit prête dans cinq minutes, dit-il. Il y aura trois personnes à déjeuner.

Puis il me regarda fixement, et ce fut, à la vérité, la plus dure de mes épreuves.

Il y avait quelque chose de magique, de diabolique dans ses yeux froids, cruels, inhumains, mais débordant d'une intelligence infernale. Ils me fascinaient comme ceux d'un serpent. Je sentais sourdement monter en moi l'envie – quasi irrésistible – de m'en remettre à sa merci et de me ranger à ses côtés. Comprenez-moi : c'était certainement là une impulsion purement physique, celle d'un cerveau affaibli et magnétisé, qui se sentait dominé par un esprit bien supérieur. Je m'arrangeai cependant pour ne pas céder et me forçai même à sourire.

– Patron, je crois que vous me reconnaîtrez, la prochaine fois ! osai-je dire.

– Karl ! (Et il s'adressa en allemand à l'un des hommes postés sur le seuil.) Enfermez ce garçon dans le magasin des réserves jusqu'à mon retour. Vous serez responsable de sa garde.

Je fus conduit hors de la pièce avec un pistolet à chaque oreille.

Le magasin des réserves était une chambre humide, située dans les bâtiments de l'ancienne ferme. Naturellement, point de tapis sur le sol inégal, et rien pour m'asseoir. Il y faisait noir comme dans une cave, car les volets étaient solidement fermés. En tâtant les murs, je constatai que des piles de boîtes, de barriques et de sacs s'y alignaient. Une âcre odeur de rance et de moisi imprégnait l'air de la pièce. Mes geôliers avaient tourné la clé dans la serrure, et je les entendais faire les cent pas à l'extérieur.

Assis par terre, dans cette obscurité froide et humide, je commençais à désespérer. Le vieux était parti en auto pour ramener les deux bandits qui m'avaient interpellé la veille. Ceux-ci m'avaient vu déguisé en casseur de pierres et me reconnaîtraient, puisque j'étais encore dans le même attirail. Ils avaient sans doute vu aussi M. Trummle, Marmie, peut-être également sir Harry ; en un rien de temps, l'affaire serait claire comme de l'eau de roche. Dans cette maison isolée, en face de trois desperados et de leurs domestiques armés, il ne me restait plus aucune chance.

Et si je faisais appel aux policiers, toujours lancés à ma poursuite à travers les collines ? Après tout, ces gens étaient mes compatriotes et de braves gens ; ils seraient à coup sûr plus bienveillants à mon égard que ces monstrueux étrangers. Certes, j'aurais pu le tenter, mais ils ne m'auraient pas écouté. Le vieux diable n'avait pas été long à s'en débarrasser ; il devait avoir partie liée avec le constable, et très probablement possédait des lettres de ministres lui offrant toutes facilités pour comploter contre la Grande-Bretagne. Hé ! oui, la politique se fait ainsi, dans ce cher vieux pays, comme dans tous les autres.

Les trois bandits étant attendus pour le déjeuner, il ne me restait plus guère que deux heures à attendre. À attendre la mort, car je ne voyais pas d'autre issue. Ah ! si seulement j'avais eu le courage de Scudder ! Je puis bien l'avouer, je ne sentais pas s'élever en moi la moindre grandeur d'âme, pas une once d'héroïsme. La seule chose qui me soutenait encore était la fureur : je bouillais de rage à la pensée que ces trois espions allaient me faire passer de vie à trépas. En tout cas, j'espérais bien être capable de leur tordre le cou avant de mourir. Tout au moins à l'un d'eux.

Ma fureur étant à son comble, je me relevai et examinai la pièce. J'essayai de forcer les volets, mais ils étaient fermés à clé : impossible de les remuer.

Je m'en pris aux boîtes : impossible aussi de les ouvrir ; aux sacs : ils paraissaient remplis de biscuits pour chien qui sentaient la cannelle. À force d'errer, de tâter, de fouiller, je finis par découvrir dans le mur une poignée qui valait peut-être la peine d'être essayée.

C'était la poignée de porte d'un placard fermé à clé. Je la secouai : elle paraissait assez fragile. J'appuyai, je poussai, je tirai, j'y mis toute ma force, et la porte céda bientôt dans un craquement qui allait peut-être attirer l'attention de mes gardes. J'attendis une minute ou deux et, ne voyant rien venir, me mis en devoir d'explorer les étagères du placard.

Il y avait là en vérité des choses assez curieuses. Une vieille allumette trouvée dans la poche de mon pantalon me permit d'entrevoir, sur l'une des étagères, un petit stock de lampes de poche. J'en pris une : merveille, elle fonctionnait !

Voilà donc qui me permettait de poursuivre mes investigations. Des bouteilles, des boîtes pleines de poudres à l'odeur bizarre – des produits chimiques sans doute –, des rouleaux de fil de cuivre et des paquets d'une fine étoffe de soie huilée. Une boîte de détonateurs et des dizaines de mètres de mèche et de cordon. Et, tout au fond d'une étagère, une boîte de carton brun, contenant à son tour une boîte de bois qui, une fois ouverte, me laissa voir une demi-douzaine de petites briques grises...

J'en pris une, que j'émiettai facilement, je la flairai et y passai le bout de ma langue. Ah! Ah! De la cheddite! Cela servait à quelque chose d'avoir été ingénieur des mines!

Avec une seule de ces briques, je pouvais faire sauter la maison et la réduire en cendres. Je m'étais servi de cheddite en Rhodésie et connaissais la puissance du produit. Le malheur, c'est que j'avais oublié le taux de la charge, le moyen de la préparer, et le temps qu'il fallait pour produire l'explosion. En outre, je n'avais qu'une vague notion de son degré de puissance, car si je m'en étais servi, je n'avais pas manipulé moi-même l'explosif.

Mais cela représentait ma seule et unique chance. Certes, le risque était énorme : j'avais cinq chances contre une d'être déchiqueté ; mais si je ne le courais pas, il était tout à fait certain que le soir même je serais à six pieds sous terre dans le jardin. D'une façon ou d'une autre, la perspective n'était guère encourageante, mais puisqu'il existait une chance, je devais la courir, à la fois pour moi-même et pour mon pays.

Ce fut sans doute le moment le plus effroyable de ma vie, car les grandes résolutions prises de sang-froid ne sont pas mon fort.

« Enfin, me dis-je, imaginons que nous sommes en train de préparer un feu d'artifice ! » J'attachai une petite longueur de cordon au détonateur, je pris à peu près le quart d'une brique de cheddite, et enterrai le tout, détonateur compris, dans l'une des fentes du plancher, près de la porte, sous l'un des sacs. J'avais bien l'impression que la moitié des boîtes étaient pleines de dynamite. Dans ce cas, quel beau voyage vers le ciel nous allions faire, les domestiques et moi, sans compter un bon bout de la campagne environnante ! Par-dessus le marché, il se pouvait aussi que la détonation fasse exploser les briques qui se trouvaient dans le placard. Mais à quoi bon envisager tous ces risques en chaîne : le sort en était jeté, assez réfléchi !

Je m'abritai sous le rebord de la fenêtre et j'allumai le cordon. Puis j'attendis quelques instants. Silence de mort. Rien que le bruit des bottes de mes gardiens dans le couloir, et le paisible caquètement des poules dans une basse-cour voisine. Je recommandai mon âme à Dieu en me demandant où je serais cinq secondes plus tard...

Une énorme vague de chaleur s'éleva du plancher et se tint suspendue en l'air pendant un instant. Presque aussitôt, le mur d'en face s'embrasa d'une lueur jaune d'or et se désintégra sur un coup de tonnerre qui me martela la cervelle. Quelque chose de très lourd m'écrasa l'épaule gauche, et je perdis connaissance.

Quand je repris conscience, je suffoquais dans une épaisse volute de fumée jaune ; je me débattis tant bien que mal au milieu des plâtres et des débris et parvins vaille que vaille à me remettre sur mes jambes. Quelque part derrière moi, l'air frais arrivait. Je sortis par le trou béant qui maintenant remplaçait la fenêtre, et me trouvai dans une cour remplie d'un brouillard âcre et dense. Je souffrais, j'étais pris de nausées, mais j'avais tous mes membres, et, chancelant, à l'aveugle, je m'éloignai de la maison.

De l'autre côté de la cour se dressait un petit moulin abandonné qu'alimentait encore un ruisselet coulant dans un aqueduc de bois ; aveuglé comme je l'étais et vacillant, j'y tombai la tête la première. L'eau fraîche me revigora et fortifia dans mon esprit l'idée de la fuite. En pataugeant dans la mousse visqueuse et glissante, je finis par atteindre la roue du moulin, je m'introduisis par le trou et tombai sur un lit de balle d'avoine. Malheureusement, le fond de mon pantalon s'était accroché à un clou, et j'y laissai un bon morceau de la laine de bruyère qui jadis avait fait les beaux jours de sir Harry.

Il devait y avoir bien longtemps que le moulin était hors d'usage. Les échelles étaient vermoulues, et au grenier les rats avaient creusé de grands trous dans le plancher. La nausée me secouait de nouveau, et mon épaule gauche et mon bras étaient comme frappés de paralysie. Je jetai un coup d'œil par la fenêtre : l'incendie gagnait la maison d'où s'échappaient des hurlements.

Mais je n'avais pas le temps de m'attarder : voyant que mon cadavre n'était pas dans le magasin, mes ennemis allaient se mettre à ma recherche, et cela sans désemparer. À coup sûr, ils commenceraient par fouiller le moulin : il fallait donc décamper au plus vite. Si seulement je pouvais – sans laisser de traces – gagner le vieux pigeonnier de pierre qui se dressait à quelque distance ! L'ennemi se tiendrait forcément le raisonnement suivant : puisque le fuyard peut se déplacer, c'est pour aller vers la campagne, et, derechef, la poursuite s'organiserait sur le plateau.

En descendant l'échelle pourrie, j'éparpillai de la balle d'avoine derrière moi afin de dissimuler les traces de mes pas. J'en fis autant sur le plancher et sur le seuil. En avançant la tête, je constatai que le terrain qui me séparait du pigeonnier était recouvert de gravier : aucune trace de pas à redouter. En un clin d'œil, je me trouvai au bas du petit édifice délabré, mais comment diable allais-je l'escalader ?

Seigneur, quelle entreprise ! Mon épaule et mon bras me faisaient cruellement souffrir, et j'étais tellement étourdi, tellement secoué par la nausée qu'à maintes reprises je fus sur le point de tomber. Tout de même, en m'accrochant aux saillants de la pierre et en déployant un effort surhumain, je me hissai finalement jusqu'au toit. J'y trouvai un petit parapet derrière lequel je m'écroulai, évanoui.

Je me réveillai, la tête en feu, le soleil frappant mon visage de ses rayons brûlants. Mais j'étais sans mouvement : cette horrible fumée m'avait obscurci le cerveau et privé de toutes mes forces. Des voix d'hommes s'élevaient du côté de la maison ; j'entendais également le bruit d'un moteur de voiture tournant à l'arrêt. Par un trou pratiqué dans le parapet, j'entrevis la tête bandée d'un domestique, et la silhouette d'un homme jeune portant un pantalon de golf. Je les vis se diriger du côté du moulin. En découvrant le morceau d'étoffe accroché au clou, l'un d'eux fit signe à l'autre ; ils détalèrent alors vers la maison, d'où ils ressortirent aussitôt, accompagnés cette fois du vieil homme chauve et de l'homme qui bégayait. Je remarquai qu'ils étaient tous armés de pistolets.

Ils fouillèrent le moulin pendant une bonne demi-heure. Je les entendais donner des coups de pied dans les barriques et sortir les planches pourries. Ils arrivaient maintenant au bas du pigeonnier, discutant âprement, et admonestant sévèrement le serviteur à la tête bandée. Quand je les entendis secouer la porte, je crus mon dernier moment arrivé. Ouf ! ils avaient changé d'idée et retournaient vers la maison...

Mon bain de soleil se prolongea pendant tout l'après-midi. J'étais torturé par la soif et – supplice de Tantale – j'entendais l'eau qui s'égouttait et clapotait sous la roue du moulin ! J'aurais volontiers donné mille livres sterling pour me désaltérer et y plonger ma figure brûlante.

De mon observatoire, je découvrais le plateau tout entier et toute la chaîne de collines ; je vis bientôt la voiture, chargée de deux occupants, partir à toute vitesse, tandis qu'un homme monté sur un poney se dirigeait vers l'est. Ils étaient sûrement à ma recherche : je leur souhaitai bien du plaisir.

Mais je remarquai bientôt quelque chose de beaucoup plus intéressant. La maison, dressée au sommet d'une croupe, se trouvait au point le plus élevé d'un vaste périmètre. Juché sur le toit du pigeonnier, j'étais à peu près au niveau du bouquet d'arbres qui surmontait la croupe et je disposais d'une vue plongeante sur la forêt environnante. Or cette forêt n'était qu'un cercle qui entourait un espace vert, assez semblable à un vaste terrain de golf.

Je ne fus pas long à deviner que c'était un aérodrome, et un aérodrome secret. Le choix de l'endroit témoignait d'une surprenante intelligence : nul n'aurait pu imaginer qu'un avion pourrait s'y poser ; d'en bas, l'illusion était absolue, l'avion amorçant sa descente disparaissait tout simplement derrière une colline, alors que son atterrissage se faisait au centre du bois. Pour découvrir la vérité, il eût fallu que l'observateur armé d'une paire de jumelles se postât au sommet de la montagne la plus haute, sommet uniquement fréquenté par les bergers qui, d'ordinaire, n'ont pas de jumelles. Dans les lointains, j'apercevais la ligne bleue de la mer, et j'enrageais à la pensée que nos ennemis disposaient de cette secrète tour de guet pour ravager nos côtes et nos cours d'eau.

En attendant, si d'aventure un avion venait se poser, j'avais toutes les chances d'être découvert. J'adressai donc au ciel mes prières les plus ardentes pour que l'obscurité tombât bien vite et ne commençai à respirer qu'après le coucher du soleil. L'avion était en retard. Le crépuscule était déjà très avancé quand j'entendis le ronflement des hélices et que l'appareil descendit en vol plané vers sa retraite forestière. La maison retentit bientôt d'allées et venues, puis le soir tomba et ce fut le silence.

Dieu merci, la nuit était noire ; la lune en était à son dernier quartier et ne se lèverait que plus tard. J'avais trop soif pour m'attarder, et, vers neuf heures, pour autant que j'en pouvais juger, je me décidai à descendre de mon perchoir. Croyez-moi, ce ne fut pas commode, et d'autant moins qu'à mi-chemin j'entendis s'ouvrir la porte de derrière de la maison ; la lueur d'une lanterne se projeta sur le mur du moulin. Pendant quelques minutes d'agonie, je restai suspendu à une grosse racine de lierre... Enfin, la lumière disparut, et je tombai aussi doucement que je le pus sur le sol dur de la cour.

Je rampai jusqu'à la rangée d'arbres qui entourait la maison, nourrissant vaguement l'intention d'essayer de saboter l'avion, mais j'y renonçai : la tentative serait probablement futile. Et comme j'étais à peu près sûr qu'il y avait un dispositif de défense autour de la maison, je traversai le bois à quatre pattes en tâtant soigneusement le sol tous les dix centimètres. Bien m'en prit, car je tombai sur des fils de fer barbelés élevés à près d'un mètre au-dessus du sol. Si je les avais heurtés, ils auraient certainement actionné une sonnerie à l'intérieur de la maison, et alors mon affaire était faite.

Cinquante mètres plus loin, je rencontrai une autre haie de fil de fer, curieusement placée au bord d'un petit ruisseau. Au-delà, c'était le plateau, l'espace libre ! En moins de cinq minutes, je m'enfonçai avec délices dans la broussaille et la bruyère, et j'atteignis bientôt la petite vallée d'où provenait l'eau du moulin. Encore dix minutes de course folle et, mon visage dans la source, je m'abreuvais à longs traits de son eau cristalline et fraîche.

Cela fait, je ne m'arrêtai plus avant d'avoir mis entre la maison maudite et moi-même une bonne quinzaine de kilomètres.

Le pêcheur à la ligne

Assis au sommet d'une colline, je fis le point de la situation. Je ne me sentais pas très en train : la joie de mon évasion était entièrement obscurcie par mes souffrances physiques. Les fumées de l'explosion m'avaient sérieusement empoisonné, et l'exposition au soleil sur le toit du pigeonnier n'avait pas arrangé les choses. J'avais un mal de tête atroce, mon épaule enflait et je ne pouvais plus me servir de mon bras gauche.

Mon plan consistait en ceci : chercher le cottage de M. Trummle, recouvrer mes vêtements et particulièrement le carnet de Scudder, et gagner la ligne de chemin de fer qui me ramènerait vers le sud. J'avais tout intérêt à entrer le plus tôt possible en contact avec sir Walter Bullivant, l'homme du Foreign Office. Car je ne pouvais pas rassembler plus de preuves que je n'en possédais déjà. Il me croirait ou ne me croirait pas, mais de toute façon, je serais mille fois mieux entre ses mains qu'entre celles de ces Allemands diaboliques. Je commençais à déborder de bienveillance envers la police britannique.

La nuit étoilée était splendide, et je n'eus pas grand mal à m'orienter. La carte de sir Harry m'avait instruit de la topographie de la région, et je n'avais qu'à repérer un site ou deux, en marchant au sud-ouest, pour retrouver l'endroit où j'avais rencontré le casseur de pierres. Je calculai que je devais en être éloigné de vingt-cinq kilomètres et que je ne pourrais guère y arriver avant le début de la matinée. En conséquence, il me fallait rester caché quelque part, Dieu sait où, car je ne pouvais décemment pas me montrer en plein jour. Je n'avais ni veste, ni col, ni manteau, ni chapeau, mon pantalon était lamentablement déchiré, et mon visage, mes bras, mes mains étaient noircis par l'explosion. Mes yeux étaient sûrement injectés de sang car ils me faisaient atrocement souffrir. Ce n'était certes pas un spectacle à montrer, au coin d'un bois, à des citoyens respectables.

Au point du jour, j'essayai de me décrasser dans un petit ruisseau de montagne, et je m'approchai de la chaumière d'un berger car je mourais de faim. Le berger n'était pas chez lui, sa femme était toute seule, et sans voisins à dix kilomètres à la ronde. Une brave, une vaillante vieille femme, à qui je fis peur, c'était visible, et qui se serait servie de la hache qui se trouvait à portée de sa main si la pitié n'avait pris le dessus. Je lui racontai que j'avais fait une chute – sans dire où ni comment – et elle comprit tout de suite, en me regardant, que j'étais vraiment mal en point. Elle ne posa aucune question, mais elle m'offrit un bol de lait arrosé de whisky et me fit asseoir devant le feu de sa cuisine. Elle me proposa même de soigner mon épaule, mais je souffrais trop pour accepter.

J'imagine qu'elle dut me prendre pour un cambrioleur repenti, car lorsque je lui tendis un souverain pour prix de son lait – je n'avais pas d'autre monnaie –, elle secoua la tête en disant :

– Mieux vaut le rendre à qui il appartient.

En entendant ces mots, je protestai avec une telle véhémence qu'elle crut à mon honnêteté, prit le souverain, et me donna en échange un plaid de laine tout neuf et un vieux chapeau de son mari. Elle me montra comment draper le plaid autour de mes épaules, et je la quittai, vivante image de l'Écossais qu'on voit dans les illustrations des poèmes de Burns. En tout cas, j'étais vêtu.

Une chance, d'ailleurs, car, aux environs de midi, le temps changea et la pluie – une averse diluvienne – se mit à tomber. Je m'abritai sous un rocher qui surplombait un petit ruisseau, et où un tas de feuilles mortes et de vieilles broussailles me servit de lit. J'y dormis jusqu'à la tombée de la nuit, me réveillai perclus et transi, avec d'intolérables élancements dans l'épaule. Enfin, après avoir mangé le gâteau de farine d'avoine et le morceau de fromage que la vieille femme m'avait donnés, je me remis de nouveau en route avant la tombée de la nuit.

Passons sur les tracas et les misères que j'eus à endurer sur les collines détrempées. Pas d'étoiles au ciel qui m'eussent permis de m'orienter : je ne pouvais donc faire appel qu'à mes souvenirs de la carte de sir Harry. Par deux fois, je perdis mon chemin ; quant à mes chutes dans les trous d'eau de la tourbière, je n'en fis pas le compte. Je devais avoir entre quinze et dix-huit kilomètres à parcourir à vol d'oiseau, mais mes détours les portèrent à vingt-cinq ou trente. Je franchis la dernière étape d'un pas de somnambule, et dans un état de vertige difficile à décrire. Enfin, enfin, aux premières lueurs de l'aube, je frappai à la porte de M. Trummle. Le brouillard était si épais que, de son cottage pourtant très proche, je ne distinguais plus la grand-route.

M. Trummle en personne vint m'ouvrir. Un M. Trummle sinon méconnaissable, en tout cas tout à fait changé. Il était revêtu d'un costume noir repassé de frais, il portait un col blanc, il s'était certainement rasé la veille, et tenait à la main une petite bible de poche. Il ne me reconnut pas tout de suite :

– Qui c'est qu'ose déranger les gens comme ça un dimanche matin ? (J'avais complètement perdu le compte des jours. Le dimanche était donc la raison de cet étrange accoutrement. Je me sentais si près de défaillir que je ne pus que balbutier quelques mots inintelligibles. Tout de même, il me reconnut et s'aperçut que j'étais malade.) Vous avez mes lunettes ? demanda-t-il. (Elles étaient dans la poche de mon pantalon ; je les lui tendis.) Ah ! Ah ! Vous êt' venu chercher vot' veste et vot' manteau ! Entrez... Hé ! sapristi, vous t'nez s'ment pus su' vos jambes. Attendez, j' m'en vas vous quéri' eun' chaise !

Je sentis que j'étais bon pour une attaque de malaria. La fièvre me rongeait les os, mon épaule me torturait, les vapeurs de l'explosion m'avaient intoxiqué ; bref, j'étais en piteux état. À peine conscient, je me laissai déshabiller par M. Trummle et coucher dans l'un des deux lits de bois cloués le long des murs de la cuisine.

Il se comporta vraiment en ami, ce vieux casseur de pierres. Veuf depuis très longtemps, il vivait seul depuis que sa fille s'était mariée. Pendant dix jours, il me soigna comme une mère. Tant que la fièvre me tint, je ne désirai rien que la solitude et la paix, mais dès que la température fut tombée, je constatai que le repos avait plus ou moins guéri mon épaule. Au bout de cinq jours, je pus me lever quelques heures dans la journée, mais il me fallut quelque temps avant de recouvrer l'usage de mes jambes.

Chaque matin, mon hôte partait à son travail en me laissant du lait pour la journée et en fermant la porte à clé derrière lui ; il rentrait à la nuit tombée et s'asseyait sans dire un mot au coin de la cheminée. Jamais il ne me posa de questions. À différentes reprises, il m'apporta un exemplaire du *Scotsman*, vieux de deux jours, et je remarquai qu'on ne parlait plus du meurtre de Portland Place.

Un soir, je le vis sortir ma ceinture d'un tiroir soigneusement verrouillé :

– Pour de l'argent, y a d' l'argent, là-d'dans ! dit-il. Vous feriez ben de compter pour voir si tout y est !

Il n'avait pas même cherché à connaître mon nom. Je voulus savoir si personne n'était venu s'enquérir de moi, après que je l'eus remplacé sur la route.

– Ben si, fit-il. Un type qu'était dans eun' voiture. Y m'a demandé qui c'est qu'avait travaillé à ma place ; alors j'y ai dit qu' c'était mon frère qu'y m'avait donné un coup de main. Y m'avait l'air d'un drôle de paroissien, et y parlait un drôle d'anglais, j'en ai pas compris la moitié.

Me sentant mieux et ne tenant plus en place, je me décidai à repartir. La chance voulut que ce matin-là – c'était le 12 juin – un charretier passât devant la maison, transportant du bétail au marché de Moffat. Hislop – c'était son nom – était un ami de Trummle ; il vint prendre son petit déjeuner avec nous et m'offrit de m'emmener.

Afin de dédommager Trummle de l'hospitalité qu'il m'avait accordée, je voulus lui donner cinq livres, mais quelle histoire pour les lui faire accepter ! De ma vie, je n'ai rencontré un être aussi indépendant. Comme j'insistais, il se montra positivement grossier, mais à la fin, rouge de colère et l'œil mauvais, il prit l'argent sans dire merci. Et alors que je lui exprimais ma gratitude en termes chaleureux, il grommela quelque chose qui signifiait, je crois, qu' « un service rendu en vaut un autre ». Au moment des adieux, on aurait vraiment dit que nous nous quittions fâchés.

Hislop était un joyeux drille qui ne cessa de bavarder comme une pie. Tandis que nous longions la vallée de l'Annan, superbement ensoleillée, j'essayai de lui parler marchés, moutons et prix des bêtes. Il me prit certainement pour un berger de la région, et il faut dire qu'avec mon plaid et mon chapeau crasseux j'avais tout à fait l'air d'un Écossais de théâtre. Malheureusement, le voyage fut mortellement long : la journée allait s'achever, que nous avions à peine couvert une vingtaine de kilomètres.

Si je n'avais pas été aussi anxieux, j'aurais apprécié la promenade. Il faisait beau, le ciel était bleu, le paysage de prairies vertes et de collines brunes changeait sans cesse, on entendait chanter l'alouette et courir les ruisseaux, mais je n'étais pas d'humeur à m'enivrer de la nature, et moins encore de la conversation de Hislop, car le jour fatal du 15 juin approchait, et j'étais obsédé par les difficultés terribles de mon entreprise.

Après avoir dîné dans une modeste auberge de Moffat, je parcourus les quelques kilomètres qui me séparaient de la ligne de chemin de fer. L'express du Sud ne passant qu'à minuit, je montai sur la colline voisine où je m'endormis, car la marche m'avait fatigué. Je me réveillai juste à temps pour me précipiter vers la gare, et j'y arrivai au moment où le train allait s'ébranler. Ah ! la délicieuse odeur de tabac refroidi, la bonne et brave banquette dure du compartiment de troisième classe, quelles merveilles !

Le jour pointait à peine quand je descendis à Crewe, où je dus attendre jusqu'à six heures le train de Birmingham. J'arrivai à Reading dans le courant de l'après-midi ; de là, je pris un petit train local qui s'enfonçait dans les profondeurs du Berkshire. Aux environs de huit heures du soir, un voyageur las et fripé débarquait à la petite gare d'Artinswell, son plaid sous le bras, car il eût été ridicule de le porter au sud de la frontière. Comme il y avait pas mal de monde sur le quai, je me dis qu'il était préférable de ne demander mon chemin à personne avant d'être sorti de la gare.

La route traversait un bois de chênes et longeait ensuite une vallée profondément encaissée entre de verdoyantes falaises. Après l'Écosse, l'air me paraissait lourd, mais infiniment doux, car les marronniers et les lilas étaient en fleurs. Un pont enjambait une rivière limpide et calme au-dessus de laquelle se dressait un moulin dont la roue, en tournant, répandait un bruit frais dans le crépuscule parfumé. Le paysage était empreint d'une telle douceur, et j'éprouvais moi-même un tel bien-être, que je me surpris à siffler, et à siffler – je ne sais diable pas pourquoi – *Annie Laurie*.

Un pêcheur quittait le bord de l'eau et, en s'approchant, se mit à siffler lui aussi, reprenant l'air d'*Annie Laurie* en même temps que moi. C'était un homme de haute taille, large d'épaules, vêtu d'un vieux complet de flanelle, coiffé d'un chapeau à grand bord, et qui portait un sac de toile en bandoulière. Il me fit un signe de tête : j'avais rarement vu visage plus intelligent et plus serein. Il posa sa canne à pêche contre le parapet du pont et s'accouda pour contempler l'eau :

– Hein, croyez-vous qu'elle est claire, notre Kennet ! Regardez-moi cette truite ! Je veux bien être pendu si elle ne pèse pas ses deux livres...

– Je ne la vois pas, lui dis-je.

– Mais si ! Tenez : à un mètre des herbes, juste au-dessus de la flottille de goujons !

– Ah ! oui, je la vois à présent. J'aurais juré que c'était une pierre noire.

– Vraiment ? (Sur ce, il siffla quelques notes d'*Annie Laurie*.) Le nom, c'est bien Twisdon, n'est-ce pas ? dit-il sans cesser de regarder la rivière.

– Non... Enfin, je voulais dire... oui.

J'avais oublié mon faux nom.

– Un vrai conspirateur devrait tout de même savoir son nom ! observa-t-il en adressant un large sourire à une poule d'eau qui s'élevait au-dessus de la rive.

Debout près de lui, je regardais cette mâchoire puissante, ce front superbe, cette face admirablement modelée, songeant qu'enfin j'avais peut-être trouvé un précieux allié. Son regard bleu, brillant d'une secrète malice, errait dans les lointains.

Soudain, il fronça le sourcil et prit un air impératif :

– Oui, j'estime que c'est une honte, dit-il en élevant la voix, qu'un homme valide tel que vous ait le toupet de demander la charité ! On vous donnera quelque chose à manger à la cuisine, mais je vous préviens que vous n'aurez pas un sou !

Une petite charrette passait, conduite par un jeune homme qui éleva son fouet en l'air pour saluer le pêcheur. Dès que le véhicule eut disparu, il ramassa sa canne à pêche.

– Voyez, dit-il, ma maison est en face. (Et il me désigna du doigt une barrière blanche qui se dressait à une cinquantaine de mètres.) Attendez cinq minutes, puis faites le tour de la maison et entrez par la porte de derrière.

Et sur ces mots, il me quitta.

Je suivis ponctuellement ses instructions. Je ne tardai pas à me trouver devant une ravissante maison rustique dont la pelouse descendait jusqu'à la rivière, avec de belles allées bordées de roses trémières et de lilas. La porte de derrière était ouverte, un maître d'hôtel compassé m'y attendait.

– Par ici, monsieur.

Je fus conduit le long d'un corridor jusqu'à un escalier qui menait à une jolie chambre à coucher dont les fenêtres donnaient sur la rivière. Tout y était préparé pour que je puisse faire toilette : un costume de flanelle marron, des chemises, des cols, des cravates, un rasoir, de la crème à raser, des brosses à cheveux, jusqu'à une paire de superbes chaussures de cuir.

– Sir Walter a pensé, monsieur, que les affaires de M. Reggie pourraient vous aller. Il vient ici passer tous ses week-ends et laisse quelques vêtements. La salle de bains est à côté : je vous ai préparé un bain chaud. Le dîner est dans une demi-heure. Vous entendrez sonner le gong.

Cette solennelle créature s'étant retirée, je m'installai dans un fauteuil recouvert d'un chintz à grosses fleurs, ne fût-ce que pour reprendre mes esprits. Tout se passait comme au théâtre, lorsque, sur un coup de baguette, le mendiant se trouve soudainement transporté dans un palais. Il était évident que sir Walter me faisait confiance et qu'il y avait bien du mérite. Je me regardai dans la glace et que vis-je ? Un bonhomme à la peau tannée, hagard, avec une barbe de quinze jours, des oreilles et des yeux encroûtés de poussière, habillé d'une chemise sale, d'un vieux costume en loques, et de chaussures qui n'avaient pas été cirées depuis un mois. Or ce répugnant vagabond venait d'être introduit avec une déférence insigne par un maître d'hôtel admirablement pomponné dans le temple même du confort !

Au lieu de chercher midi à quatorze heures, mieux valait accepter sans vergogne les bienfaits de la providence. Je me rasai et me baignai avec délices, et revêtis l'élégant costume de flanelle. Hé ! Hé ! Cela ne m'allait pas mal du tout ! En vérité, le miroir reflétait un jeune homme d'assez fière allure !

Sir Walter m'attendait dans une salle à manger uniquement éclairée aux bougies. Rien qu'à le voir – parfaite incarnation de toutes les conventions et institutions établies –

j'eus l'impression d'être un intrus. Il ne devait pas savoir qui j'étais en réalité, sinon il ne m'eût pas traité de la sorte. Et il eût été indigne de ma part de devoir son hospitalité à un mensonge.

– Je vous suis infiniment plus obligé que je ne saurais l'exprimer, lui dis-je en m'avançant vers lui, mais il importe que vous sachiez toute la vérité. Vous avez devant vous un homme innocent, certes, mais recherché par la police. Il était de mon devoir de vous le dire, et si vous me mettez à la porte, je n'en serai nullement surpris.

Je le vis sourire.

– Fort bien. Nous parlerons de tout cela après le dîner. Pour le moment, que cela ne diminue donc pas votre appétit !

Jamais repas ne me parut plus savoureux, car je n'avais rien pris de la journée, hormis quelques sandwiches achetés dans les buffets de gares. Sir Walter m'honora d'un excellent champagne et, après le dîner, d'un porto rarissime. Moi qui venais de vivre pendant trois semaines comme un brigand, traqué de toutes parts, je n'en revenais pas d'être servi par un valet de pied et un maître d'hôtel impeccables ! Je décrivis à sir Walter le poisson-tigre du Zambèze qui vous tranchait le doigt comme un rien lorsqu'on lui en donnait l'occasion, et nous parlâmes de la chasse à la grosse bête, car il avait été naguère un chasseur émérite.

Le café fut servi dans son bureau, une pièce magnifique, tapissée de livres et de trophées, dotée du confort le plus raffiné, et je songeai que si jamais je possédais une maison à moi, ce serait d'après ce modèle que j'installerais mon bureau. Quand le plateau du café fut desservi et les cigares allumés, mon hôte passa ses longues jambes par-dessus le bras de son fauteuil, et m'invita à lui conter mon aventure.

– J'ai suivi docilement les instructions de Harry, dit-il, car il m'a fermement promis que votre récit me tiendrait en haleine. Monsieur Hannay, je vous écoute.

En l'entendant prononcer mon vrai nom, je l'avoue, j'eus un haut-le-corps.

Je commençai par le commencement. L'ennui qui m'accablait à Londres, et comment, certain soir, j'avais trouvé Scudder devant ma porte. Je lui exposai tout ce que Scudder m'avait dit au sujet de Karolidès et la conférence du Foreign Office, ce qui lui fit réprimer un sourire. Lorsque j'en vins au meurtre, il reprit son air grave. Ce fut ensuite l'histoire du laitier, celle de mes pérégrinations dans la région de Galloway, celle enfin du carnet de notes de Scudder que j'avais déchiffré à l'auberge.

– Ce carnet est-il toujours en votre possession ?

Lorsque je le sortis de ma poche, il poussa un soupir de soulagement. Je ne soufflai mot de son contenu et passai tout de suite à ma rencontre avec sir Harry et aux discours prononcés à la réunion électorale. Il m'interrompit par un bruyant éclat de rire :

– Il a dû être lamentable ! C'est le plus brave garçon de la terre, seulement son idiot d'oncle lui a fourré un tas d'imbécillités dans la tête... Mais je vous en prie, continuez, monsieur Hannay.

Ma journée de casseur de pierres l'amusa énormément. Il me pria de lui décrire minutieusement les deux hommes qui se trouvaient dans l'automobile, et tandis qu'il m'écoutait, il avait l'air de fouiller dans ses souvenirs. Mais quand il sut ce qui était arrivé à cet âne de Jopley, l'hilarité reprit le dessus. Je suivais les effets de mon récit sur son visage, et quand j'en vins au vieillard chauve, ce fut la gravité qui l'emporta. Pour la seconde fois, je fus convié à lui fournir une description détaillée du bonhomme...

– ...Ce doit être un sinistre oiseau, fit-il. Et vous avez dynamité son ermitage, alors qu'il venait de vous sauver des griffes de la police ! J'avoue que la réponse est assez spirituelle...

Quand mon récit fut terminé, il se leva lentement, s'accouda à la cheminée et tourna son regard vers moi :

– Ne pensez plus à la police, dit-il. Vous n'avez rien à craindre des lois de ce pays.

– Grand Dieu ! m'écriai-je. Aurait-on découvert le meurtrier ?

– Non. Mais depuis quinze jours, vous êtes rayé de la liste des suspects.

– Comment cela ?

– Principalement parce que j'ai reçu une lettre de Scudder. Je le connaissais un peu et je l'avais chargé de plusieurs missions. C'était un homme à moitié fou et à moitié génial, mais parfaitement honnête. Le malheur, c'est qu'il tenait absolument à agir seul. Cela le rendait pratiquement inapte à travailler pour un service secret, et c'était grand dommage, car il était prodigieusement doué. Je le tiens pour un des hommes les plus courageux que j'aie jamais rencontrés, car s'il tremblait perpétuellement, rien cependant ne pouvait l'arrêter. J'ai reçu sa lettre le 31 mai.

– Mais le 31 mai, il était mort depuis une semaine !

– La lettre a été écrite et mise à la poste le 23. Évidemment, il ne prévoyait pas une mort immédiate. Ses communications prenaient généralement une semaine avant de m'atteindre, car elles étaient envoyées sous enveloppe en Espagne, et de là expédiées à Newcastle. Vous savez qu'il avait la manie de brouiller ses pistes.

– Et que disait-il dans cette lettre ?

– Rien, sinon qu'il était en danger, mais qu'il avait trouvé refuge chez un ami dévoué, et que j'aurais de ses nouvelles avant le 15 juin. Il ne me donnait aucune adresse et se bornait à dire qu'il habitait tout à côté de Portland Place. Je pense que sa lettre avait pour objet de vous disculper au cas où quelque chose arriverait. Cette lettre lue, je me suis aussitôt rendu à Scotland Yard afin d'examiner tous les rapports d'enquête et j'en ai conclu que l'ami c'était vous. Nous nous sommes renseignés sur vous, monsieur Hannay, et les renseignements obtenus sont on ne peut plus favorables. J'ai cru deviner les motifs de votre disparition – non seulement ceux que vous fournissait la police, mais également les autres – et quand j'ai reçu la note griffonnée par Harry, j'ai deviné le reste. Il y a une semaine que je vous attends. (Vous rendez-vous compte du soulagement que j'éprouvai ? Je redevenais un homme libre, car je ne m'opposais plus désormais aux lois, mais uniquement aux ennemis de mon pays.) Et maintenant, dit sir Walter, voyons un peu ce petit carnet.

Une heure durant, nous travaillâmes sur ces notes. Sir Walter, à qui j'avais expliqué le code et qui l'avait très rapidement assimilé, corrigea ma lecture sur certains points, mais reconnut que dans l'ensemble elle était tout à fait correcte.

– Je ne sais pas très bien quoi penser, dit-il après quelques instants de silence. Il a certainement raison à propos de ce qui va se passer après-demain. Comment diable cela a-t-il pu filtrer ? Mais sur tout ce qui touche à la guerre et à *la Pierre Noire*, cela m'a l'air d'une histoire de fous. Vous comprenez, on ne peut pas se fier au jugement de Scudder : c'était surtout un romantique. Il était toujours à l'affût de situations plus fantastiques que nature.

» *La Pierre Noire* répéta-t-il. *Der schwarze Stein*. Cela paraît sortir d'un roman policier à quatre sous. Et cette histoire au sujet de Karolidès ! C'est vraiment la partie la plus faible de son enquête, car je sais de science certaine que Karolidès nous survivra à tous les deux. Il n'est point d'État en Europe qui souhaite le voir disparaître. Non : sur ce point, Scudder a perdu la boule. Franchement, Hannay, je ne crois pas à cette partie de son histoire. Sans aucun doute, de noirs complots sont en train de se perpétrer, et le malheureux a été supprimé parce qu'il en savait trop. Mais je pourrais jurer que tout cela n'est après tout que du banal travail d'espionnage. Certaine puissance européenne se fait une gloire – et un jeu favori – de son système d'espionnage, mais ses méthodes n'ont rien de bien particulier. Comme elle paie ses agents à la pièce, ceux-ci n'en sont plus à un meurtre près. Ils veulent avoir notre dispositif naval pour leurs bureaux de l'Amirauté, mais ils en seront pour leurs frais, un point c'est tout.

Après avoir frappé discrètement à la porte, le maître d'hôtel fit son entrée :

– Sir Walter, un appel de la ligne directe de Londres. M. Eath demande à vous parler personnellement.

Mon hôte quitta la pièce afin de répondre au téléphone. Il revint au bout de cinq minutes, blanc comme un linge :

– Je fais toutes mes excuses à l'ombre de Scudder, dit-il. Karolidès a été tué ce soir d'une balle de revolver, à sept heures et quelques minutes.

8

La Pierre Noire fait son apparition

Le lendemain matin, après huit heures d'un sommeil sans
rêves, je descendis pour le petit déjeuner, et trouvai sir Walter en train de déchiffrer un télégramme, au milieu des muf-
fins et de la marmelade. Sa mine magnifique de la veille
paraissait un peu altérée.

– Après que vous êtes monté vous coucher, me dit-il, j'ai
dû passer une heure au téléphone. J'ai prié mon chef de
s'entretenir avec le premier lord de l'Amirauté et le secrétaire
d'État à la Guerre, et en fin de compte, ils se sont arrangés
pour que Royer arrive un jour avant la date fixée. Ce télégramme me le confirme. Il sera à Londres à cinq heures.
Curieux, vous ne trouvez pas, que le mot en code pour signi-
fier un sous-chef d'état-major général soit « porc » ?... (Du
doigt, il me fit signe de me servir en me désignant les plats
chauds, et poursuivit :) Je n'ai cependant pas l'impression
que cela arrange beaucoup les choses. Si vos « amis » ont été
assez forts pour découvrir nos premières dispositions, ils le
seront certainement aussi pour déceler les secondes. Je don-
nerais je ne sais quoi pour savoir d'où diable la fuite a bien
pu venir. Nous croyions n'être que cinq personnes en Angleterre à être informées de la visite de Royer, et vous pouvez
être certain qu'il y en a encore moins en France, où ils nous
surpassent en la matière.

Tandis que je me restaurais, à ma grande surprise il me
mit dans la confidence du plan.

Je lui demandai s'il n'était pas possible de changer le dispositif.

95

– Certes, cela se pourrait. Mais nous préférerions l'éviter dans la mesure du possible. C'est le résultat d'un effort de pensée considérable, et je ne crois pas qu'on puisse le modifier sans dommage. En outre, il comporte un point ou deux où le changement serait tout simplement impossible. Sans doute pourrait-on faire quelque chose en cas de nécessité absolue. Mais vous voyez la difficulté, Hannay : nos ennemis ne sont pas assez bêtes pour détrousser Royer ou se livrer à des jeux aussi enfantins. Leur manœuvre consiste à s'informer du dispositif à notre insu, afin que Royer retourne à Paris, croyant le secret bien gardé. S'ils n'y parviennent pas, c'est l'échec, car ils savent fort bien que toute tentative de leur part nous inspirerait de la méfiance et nous amènerait à changer nos plans.

– Dans ce cas, dis-je, nous ne devrions pas quitter le Français d'une semelle tant qu'il ne sera pas en sûreté dans son pays. Si les affidés de *la Pierre Noire* avaient pensé pouvoir se renseigner à Paris, il est certain qu'ils auraient essayé. Cela signifie qu'ils ont uniquement misé sur Londres, et que leur plan est assez bien au point pour leur faire espérer la réussite.

– Royer doit dîner avec mon chef et se rendre ensuite chez moi où il rencontrera quatre personnes : Wittaker, de l'Amirauté, moi-même, sir Arthur Drew, et le général Winstanley. Le premier lord de l'Amirauté est malade, il est parti pour Sherringham. Royer trouvera chez moi un certain document qui lui sera remis par Wittaker ; on le conduira ensuite en automobile à Portsmouth, où un destroyer l'emmènera au Havre. Sa mission est beaucoup trop importante pour qu'on le laisse prendre le train et le bateau. Tant qu'il n'aura pas touché le sol français, on ne le quittera pas d'une semelle. Les mêmes précautions seront prises à l'égard de Wittaker jusqu'à ce qu'il rencontre Royer. Nous ne pouvons vraiment pas faire mieux, et il est difficile d'imaginer qu'un accident puisse se produire. Mais je ne vous cacherai pas que je suis affreusement nerveux. L'assassinat de Karolidès va faire l'effet d'un coup de tonnerre dans toutes les chancelleries d'Europe. (Après le déjeuner, il me demanda si je savais conduire.) Bon. Pour aujourd'hui, vous serez mon chauffeur, et comme vous êtes à peu près de la taille de Hudson, vous endosserez son uniforme. Vous êtes déjà au courant de l'affaire, et nous n'avons pas le droit de courir un seul risque. Les gens qui sont en face de nous n'auraient aucun scrupule à assaillir le refuge d'un fonctionnaire surmené.

Lors de mon arrivée à Londres, j'avais acheté une voiture et m'étais amusé à visiter le sud de l'Angleterre que je connaissais maintenant assez bien. Le voyage s'effectua donc le mieux du monde. Ce beau matin de juin était doux, tout en promettant de grosses chaleurs pour l'après-midi, mais il était bien agréable de traverser les petites villes aux rues arrosées de frais et de passer devant les jardins qui bordent la Tamise. Je déposai ponctuellement sir Walter à onze heures trente chez lui, dans Queen Anne's Gate. Son valet de chambre devait arriver par le train, avec les bagages.

La première chose que fit sir Walter fut de m'emmener à Scotland Yard et de me présenter à un gentleman fort pompeux :

– Je vous amène l'auteur du crime de Portland Place, dit-il en guise d'introduction.

L'interlocuteur esquissa un vague petit sourire :

– Si cela était vrai, Bullivant, le cadeau serait le bienvenu. Si je ne me trompe, il s'agit de M. Richard Hannay qui, pendant quelques jours, a grandement intéressé mes services.

– M. Hannay n'a pas fini de les intéresser. Il a beaucoup de choses à vous dire, mais pas aujourd'hui. Pour des raisons assez graves, son récit doit attendre encore vingt-quatre heures. Là, je vous promets que vous y prendrez de l'intérêt et que vous serez sans doute édifié. En attendant, je voudrais que vous assuriez M. Hannay qu'il n'aura plus rien à craindre de la police.

L'assurance fut promptement donnée :

– Vous pouvez reprendre votre vie où vous l'avez laissée. Votre appartement vous attend, et votre domestique est toujours là. Comme vous n'avez jamais été accusé publiquement, nous avons considéré jusqu'ici qu'aucune disculpation publique n'était souhaitable. Mais il va de soi que nous ferons ce que vous voudrez.

– Il se peut que nous ayons besoin de votre aide par la suite, Macgillivray, dit sir Walter en prenant congé.

» Venez donc me voir demain, Hannay, me dit-il avant de me quitter. Je n'ai pas besoin de vous recommander de faire le mort et de vous tenir bien tranquille. À votre place, je me mettrais au lit : vous devez avoir un terrible arriéré de sommeil à rattraper. En tout cas, ne bougez pas, faites-vous tout petit, car si l'un de vos amis de *la Pierre Noire* se trouvait sur votre chemin, cela pourrait faire du vilain.

Dès que je fus seul, je me sentis curieusement désœuvré, ne sachant plus très bien que faire de ma personne. Bien sûr, il était rudement agréable d'être un homme libre et d'aller où bon me plaisait sans avoir rien à craindre. Je n'avais été qu'un mois au ban de la société, mais cela me suffisait amplement. Je me rendis au Savoy où je me fis servir un déjeuner composé avec soin, et fumai le meilleur cigare qui pût se trouver dans l'établissement. Mais je me sentais encore nerveux. Quand j'avais l'impression qu'on me regardait, je me demandais si l'on ne me prenait pas pour l'assassin.

Après le déjeuner, je pris un taxi et me fis conduire au nord de Londres, en pleine campagne. Je revins à pied à travers les faubourgs, et cela me prit deux bonnes heures. Mais ma nervosité ne faisait que croître et embellir. J'avais le sentiment que de grandes choses, des choses de la plus haute importance allaient arriver ou étaient en train de se produire, et que moi, qui n'étais pourtant que la cinquième roue du carrosse, j'étais tenu en dehors des événements. En ce moment sans doute, Royer débarquait à Douvres, sir Walter dressait des plans en compagnie des rares personnes dans le secret, et quelque part, dans l'ombre, *la Pierre Noire* était à l'œuvre. Je pressentais le danger, un danger imminent, terrible, et je me disais, stupidement, que j'étais seul à pouvoir le parer. Malheureusement, j'étais en dehors du jeu désormais. Et comment eût-il pu en être autrement ? Il était peu probable que des lords de l'Amirauté, des ministres et des généraux eussent l'idée plutôt incongrue de m'admettre au sein de leurs conseils.

J'en venais à souhaiter tomber sur l'un de mes ennemis : au moins, il y aurait de la bagarre et cela mènerait peut-être à quelque chose. En somme, j'étais dans un bel état d'excitation.

Et je n'avais aucune envie de retourner dans mon appartement. Il faudrait bien y arriver un jour ou l'autre, mais comme il me restait suffisamment d'argent, je décidai d'aller passer la nuit à l'hôtel.

Mon sentiment d'irritation dura pendant tout le dîner que je pris dans un restaurant de Jermyn Street. Je n'avais pas faim, et c'est à peine si je goûtai à la plupart des plats ; par contre, je vidai presque entièrement une bouteille de bourgogne qui, loin de me réconforter, me fit monter au paroxysme de l'anxiété et de l'agitation. Moi, pauvre petit individu de rien du tout, intelligence moyenne s'il en fut, j'étais positivement convaincu que j'étais seul à pouvoir sauver mon pays de la catastrophe qui menaçait de s'abattre sur lui. J'avais beau me dire que c'était là de l'orgueil stupide, que quatre ou cinq des hommes les plus intelligents du monde avaient l'affaire en main, et qu'ils disposaient de surcroît de la formidable puissance de l'Empire britannique, rien n'y faisait. On aurait dit qu'une voix me soufflait à l'oreille de passer à l'action tout de suite et sans hésiter, sous peine de ne plus pouvoir dormir de ma vie.

N'y tenant plus, aux environs de neuf heures et demie, je décidai de me rendre à Queen Anne's Gate. Je ne serais sans doute pas reçu, mais en tout cas la tentative mettrait ma conscience en repos.

Comme je tournais le coin de la rue, un groupe de jeunes gens habillés de smokings et de capes du soir, qui se rendaient sans doute au théâtre, passa devant moi. Et parmi eux, M. Marmaduke Jopley.

Me voyant, il s'arrêta net.

– L'assassin ! cria-t-il. Hannay ! le meurtrier de Portland Place !

Il m'empoigna le bras tandis que ses amis se rassemblaient autour de moi.

Certes, je ne cherchais pas la bagarre, mais j'étais bien trop énervé pour garder le contrôle de mes réflexes. Un policeman entrant en scène, j'aurais dû lui dire la vérité et le prier de me conduire à Scotland Yard ou au commissariat de police le plus proche. Mais la vue de cet imbécile de Marmie me mit dans un tel état de fureur que je lui assenai un direct du gauche qui l'étendit de tout son long dans le ruisseau.

Ah ! ce fut alors une belle mêlée ! J'encaissai deux ou trois bons coups, et comme le policeman essayait de me dégager, j'entendais Marmie hurler, à travers ses dents ébréchées, que j'étais Hannay, l'assassin.

– Faites-le donc taire, et laissez-moi tranquille, monsieur l'agent, dis-je au représentant de la loi. Scotland Yard me connaît, et si vous vous mêlez de mes affaires, je vous en préviens, ça vous coûtera cher !

– Je regrette, jeune homme, mais vous allez me suivre, répliqua l'agent. C'est vous qui avez commencé, je vous ai vu ; ce monsieur ne vous faisait rien. Et si vous rouspétez, je vous fais arrêter !

Du coup, je me sentis déchaîné. L'idée que ma démarche était compromise, que j'allais arriver trop tard, m'insuffla la force d'un éléphant. Je fis rouler à terre l'agent de police, étendis également un agresseur qui me saisissait à la gorge, et détalai à toute vitesse. J'entendis retentir derrière moi un coup de sifflet, bientôt suivi des cris des gens qui se précipitaient à mes trousses.

Je puis le dire, je suis bon coureur, mais, ce soir-là, j'avais des ailes. En un clin d'œil, j'avais atteint Pall Mall et m'élançais déjà en direction de Saint-James Park. Je bousculai le policeman qui se tenait à la grille, me jetai sans hésiter dans l'embouteillage de voitures qui obstruait l'entrée du Mall, et j'approchais du pont alors que la petite troupe qui me poursuivait était encore à bonne distance. Je pus encore accélérer l'allure dans les allées du parc où les promeneurs clairsemés ne tentèrent pas de m'arrêter.

Quand j'y arrivai, le quartier de Queen Anne's Gate paraissait désert. Trois ou quatre voitures stationnaient devant la résidence de sir Walter. D'un pas rapide, je me dirigeai vers la porte. Si le valet de chambre refusait de me laisser entrer et même s'il tardait à ouvrir, c'en était fait de moi.

Fort heureusement, à peine avais-je sonné que la porte s'ouvrit.

– Il faut que je voie sir Walter, dis-je en haletant. Il s'agit d'une affaire de la plus haute importance.

Ce valet de chambre était véritablement un grand homme. Sans sourciller, il tint la porte ouverte et la referma derrière moi.

– Sir Walter est très occupé, monsieur, fit-il, j'ai ordre de ne laisser entrer personne. Si vous voulez attendre... (Sous la conduite du digne serviteur, je traversai le hall et fus mené vers une alcôve qui servait de cabine téléphonique.) Si vous voulez vous asseoir là...

– Écoutez, lui dis-je tout bas, je travaille pour sir Walter, il me connaît. Il se passe en ce moment des choses assez désagréables. Si quelqu'un vient vous demander si je suis là, n'en dites rien, et racontez la blague que vous voudrez.

100

Il opina du chef. Juste à ce moment, j'entendis une clameur venir de la rue, tandis que la sonnette de l'entrée retentissait furieusement. Jamais je n'ai vu homme plus admirable que ce valet. Il ouvrit lentement la porte, et, aussi impassible qu'un profil de médaille, il attendit qu'on le questionne. D'une voix sereine, il annonça le nom du maître de la maison qui lui avait donné des ordres stricts pour ne laisser entrer personne. L'oreille basse et dans le silence, le petit groupe se dispersa. J'assistai à la scène, de mon alcôve, jouissant du spectacle.

Je n'eus pas longtemps à attendre avant d'entendre retentir de nouveau le timbre de la sonnette d'entrée. Le digne cerbère accueillit le plus respectueusement du monde un visiteur dont je pus voir le visage, tandis qu'on l'aidait à se débarrasser de son manteau. On n'ouvrait jamais un journal et encore moins un magazine sans y voir cette face encadrée d'une barbe grise taillée en pointe, ce nez carré du bout, cette bouche aux lèvres minces et serrées, ces yeux bleus au regard aigu. Je reconnus, bien sûr, le premier lord de l'Amirauté, l'homme dont on disait qu'il avait créé la marine britannique moderne.

Il passa devant mon alcôve et fut conduit dans une pièce située au fond du hall. Quand la porte s'ouvrit, un bruit de voix presque chuchotées parvint jusqu'à moi.

Je restai là, assis, pendant plus de vingt minutes, me demandant ce que j'allais faire. Mais je demeurais parfaitement convaincu qu'on allait avoir besoin de moi. Quand ? Comment ? Je n'en avais aucune idée. Je ne cessais de regarder ma montre, et quand l'aiguille eut dépassé dix heures et demie, je me berçai de l'espoir que la conférence toucherait bientôt à sa fin. Dans un quart d'heure, Royer roulerait à toute vitesse sur la route, en direction de Portsmouth...

Soudain, j'entendis retentir l'appel d'une sonnerie, le valet de chambre réapparut, la porte de la salle du fond s'ouvrit, livrant passage au premier lord de l'Amirauté. En passant devant moi, il jeta un coup d'œil dans ma direction, et pendant une seconde, nous nous regardâmes les yeux dans les yeux.

Une seconde seulement, mais ce fut suffisant pour me faire sauter le cœur dans la poitrine. Je n'avais jamais vu ce grand personnage et lui-même ne m'avait jamais vu. Mais dans cette infime fraction de temps, quelque chose passa dans son regard et ce quelque chose signifiait qu'il me reconnaissait. Cela ne trompe pas. C'est une lueur, c'est une étincelle, c'est un trait de lumière, l'ombre de l'ombre d'un mouvement de l'esprit, et ce signe a un sens et pas un autre. Cela s'était produit en dehors de sa volonté, car à l'instant suivant la lueur s'était éteinte et il était passé. Dans un tourbillon de pensées, j'entendis la porte de la rue se refermer derrière lui.

Je me précipitai sur l'annuaire du téléphone pour y chercher le numéro de sa résidence privée. La communication me fut donnée tout de suite, et j'entendis la voix d'un domestique.

– Le premier lord est-il chez lui ? demandai-je.

– Monseigneur est rentré il y a une demi-heure, répondit la voix, et s'est mis au lit. Il ne se porte pas très bien ce soir. Voulez-vous laisser un message ?

Je raccrochai et m'écroulai sur une chaise. Mon rôle dans cette affaire n'était donc pas fini. Il s'en était fallu d'un cheveu, mais j'étais arrivé à temps.

Comme il n'y avait pas une minute à perdre, je m'en fus tout droit vers la porte de la pièce du fond et j'entrai sans frapper. Cinq visages surpris se levèrent au-dessus de la table ronde. Il y avait là sir Walter, Drew, le ministre de la Guerre, que je reconnus d'après ses photographies, un vieux monsieur très mince qui devait être Wittaker, le délégué de l'Amirauté, et le général Winstanley, reconnaissable à la cicatrice qu'il portait au front. Et enfin un petit homme très gros aux sourcils en broussaille et à la moustache grise, qui s'était arrêté au beau milieu d'une phrase.

Le visage de sir Walter montrait certes de l'étonnement, mais surtout de la contrariété.

– Ah ! c'est M. Hannay dont je vous ai parlé, proféra-t-il en matière d'excuse. Mais j'ai le regret de vous dire, Hannay, que cette visite tombe assez mal à propos !

J'avais recouvré mon sang-froid :

– Je n'en suis pas si sûr, monsieur. Je me permets de penser qu'elle arrive au contraire à temps. Au nom du ciel, messieurs, pouvez-vous me dire qui vient de sortir il y a une minute ?

– Lord Alloa, répondit sir Walter, rouge de colère.

– Ce n'était pas lui ! m'écriai-je. C'était bel et bien son sosie, mais ce n'était pas lord Alloa. C'est un homme qui m'a

102

reconnu, quelqu'un que j'ai vu le mois dernier. Dès qu'il a eu franchi le seuil de cette maison, j'ai téléphoné chez le premier lord où l'on m'a dit qu'il était rentré depuis une demi-heure et venait de se mettre au lit.

– Qui... qui... balbutia quelqu'un.

– *La Pierre Noire* ! m'écriai-je en prenant place sur la chaise restée vacante, et en regardant cinq gentlemen que l'épouvante gagnait.

9

Les trente-neuf marches

– Allons, cela ne tient pas debout ! déclara le délégué de l'Amirauté.

Sir Walter se leva et quitta la pièce tandis que l'assistance considérait la table d'un regard vide. Il revint au bout de dix minutes, le visage décomposé.

– J'ai parlé à lord Alloa, dit-il. Je l'ai fait sortir de son lit, plutôt furieux. Il est rentré directement chez lui après un dîner chez Mulross.

– Mais c'est de la folie ! interrompit le général Winstanley. Vous n'allez tout de même pas me dire que cet homme a été assis à côté de moi pendant une demi-heure et que je n'ai pas décelé l'imposture ! Alloa doit avoir l'esprit dérangé, ce n'est pas possible autrement !

– Vous ne voyez donc pas l'habileté de la manœuvre, dis-je, prenant la parole à mon tour. Vous étiez trop intéressés par autre chose pour être sur vos gardes. Vous avez tenu pour acquis que c'était bien lord Alloa. S'il s'était agi de n'importe qui d'autre, vous l'auriez regardé de plus près, mais comme il était naturel qu'il fût là, vous vous êtes laissé endormir.

– Ce jeune homme a raison, s'écria le Français d'une voix lente, mais dans un excellent anglais. Sa psychologie est très juste. Nos ennemis ne sont pas fous ! (D'un coup d'œil, il fit le tour de l'assemblée.) Je vais vous conter une histoire qui m'est arrivée il y a bien longtemps au Sénégal. J'étais cantonné en pleine brousse, et, pour passer le temps, j'avais pris l'habitude d'aller pêcher la carpe dans la rivière. Une petite jument arabe comme on en trouvait en ce temps-là à Tombouctou portait le panier qui contenait mon déjeuner. Certain matin où la pêche était fructueuse, je remarquai que ma jument se montrait prodigieusement nerveuse. Je l'entendais hennir et frapper le sol de ses sabots, et, l'esprit occupé à guetter le poisson et à lancer ma ligne, je m'efforçais de l'apaiser de la voix. Je ne la quittais pas des yeux, car, du coin de l'œil, je la voyais toujours – du moins je le croyais –, attachée à un arbre, à quelques mètres de distance... Au bout de deux ou trois heures, ayant très faim, sachant qu'il était l'heure de déjeuner, je ramassai mon poisson, l'enfermai dans un sac en toile goudronnée et quittai la rivière en me dirigeant vers la jument, ma canne à pêche appuyée à l'épaule. Quand j'approchai de la jument, pour lui jeter le sac de toile sur le dos... (Il fit une pause et regarda son auditoire.) Ce fut l'odeur qui m'avertit. Je tournai la tête et me trouvai face à face avec un lion dont je n'étais pas séparé par plus d'un mètre... Un vieux mangeur d'hommes, la terreur du village... Et derrière lui, ce qui restait de la jument : une masse d'os, de sang et de peau.

– Et que se passa-t-il ? demandai-je.

J'avais assez chassé le fauve pour percevoir la véracité d'un récit quand je l'entendais.

– Je lui fourrai ma canne à pêche dans la gueule, j'avais un pistolet, et de plus, mes serviteurs accouraient, armés de fusils. N'empêche qu'il m'a laissé sa marque. (Et il leva une main à laquelle il manquait trois doigts.) Réfléchissez : la jument était morte depuis deux heures, et pendant ce temps, le fauve n'avait cessé de me guetter. Je ne l'avais pas vu attaquer la jument parce que j'étais accoutumé à entendre celle-ci piaffer, et je ne m'étais pas aperçu qu'elle avait disparu parce que je n'avais conscience que de sa couleur, assez semblable à celle du lion et que le lion avait pris sa place. Messieurs, si j'ai pu me laisser abuser de la sorte, dans un pays où les sens de l'homme sont tellement en éveil, quoi d'étonnant à ce que nous autres, citadins surmenés et préoccupés, nous nous trompions aussi ?

Sir Walter acquiesça d'un signe de tête ; personne, d'ailleurs, n'avait envie de le contredire.

– Pour moi, je ne comprends toujours pas ! s'exclama Winstanley. Nous savons tous que l'objectif de nos ennemis était de s'emparer du dispositif à notre insu. Or il aurait suffi que l'un de nous fît allusion devant Alloa à sa présence à la réunion de ce soir pour que la fraude fût découverte !

Sir Walter eut un petit rire sec :

– Le choix d'Alloa témoigne justement de leur astuce. Lequel d'entre nous aurait songé à lui parler de la réunion de ce soir ? Et lui, pensez-vous qu'il aurait abordé le sujet ?

Je me souvins que le premier lord de la mer avait une réputation d'homme irritable et taciturne.

– Ce qui m'intrigue, poursuivit le général, c'est ce que cet espion pouvait retirer de sa visite ici ce soir. À quoi cela pouvait-il lui servir ? Il ne pouvait tout de même pas retenir par cœur plusieurs pages de chiffres et de noms étrangers.

– Ce n'est pas difficile, répliqua le Français. Tout bon espion doit avoir une mémoire photographique ; il s'y entraîne. Vous avez remarqué qu'il n'a pas dit un mot, qu'il s'est contenté de lire et de relire toutes ces pages. Vous pouvez être sûrs que les moindres détails sont demeurés gravés dans son esprit. Lorsque j'étais plus jeune, j'étais capable de réaliser semblable tour de force.

– Maintenant, je suppose qu'il ne nous reste plus qu'à changer nos plans ! s'exclama sir Walter d'une voix funèbre.

Wittaker paraissait abattu :

– Avez-vous fait part à lord Alloa de ce qui vient de se passer ?... Non ? En ce qui me concerne, et sans trop m'avancer, je suis à peu près sûr qu'à moins de changer la géographie de l'Angleterre, il sera impossible de modifier sérieusement nos plans.

– Je dois ajouter autre chose, dit Royer. En présence de cet homme, j'ai parlé en toute liberté. J'ai dévoilé certaines parties des plans militaires de mon gouvernement – j'y étais d'ailleurs autorisé. Cette information est sans prix pour nos ennemis. Voyez-vous, je ne vois pas d'autre issue : celui qui est venu ici doit être arrêté, et arrêté tout de suite ainsi que ses complices !

– Mais grand Dieu ! m'écriai-je, nous ne possédons pas l'ombre d'une piste !

– Et puis n'oubliez pas, dit Wittaker, que la poste existe. À l'heure qu'il est, le document est en route !

– Non, rétorqua le Français. Vous ne connaissez pas les habitudes de l'espion. C'est lui, personnellement, qui touche sa prime après avoir livré personnellement ses documents. En France, nous sommes assez au fait des façons d'agir de cette race. Il nous reste encore une chance. Ces hommes doivent traverser la mer : il faut de toute urgence faire surveiller les ports et fouiller les bateaux. Il s'agit de sauver à la fois la Grande-Bretagne et la France.

Le solide bon sens de Royer nous remit un peu de baume dans le cœur ; c'était l'homme d'action stimulant des hésitants. Mais malgré tout, les visages restaient fermés, et pour ma part j'avais perdu toute espérance. Allez donc, en douze heures, sur cinquante millions d'habitants, repérer les trois forbans les plus astucieux de l'Europe !

Soudain, j'eus une inspiration.

– Où est le carnet de Scudder ? demandai-je à sir Walter. Vite ! Je me souviens de quelque chose. (Il ouvrit le tiroir d'un petit bureau fermé à clé et me tendit le carnet. Je retrouvai l'endroit : *Trente-neuf marches*, était-il écrit. Et de nouveau : *Trente-neuf marches. Je les ai comptées. Marée haute, vingt-deux heures dix-sept.* Le délégué de l'Amirauté me regardait comme si j'étais devenu fou.) La piste, la voilà ! m'écriai-je d'une voix forte. Scudder connaissait leur lieu de débarquement et d'embarquement. Bien sûr, il en avait gardé le nom pour lui, mais il savait d'où ils pourraient partir ! Leur départ doit avoir lieu demain, à un endroit où la marée haute est à vingt-deux heures dix-sept !

– Ils sont peut-être partis cette nuit, objecta quelqu'un.

– Non, non, pas eux. Ils ont leurs méthodes secrètes, et ils ne les bouleverseront pas. Je connais les Allemands ; quand ils ont établi un plan, je vous garantis qu'ils s'y tiennent. Où diable pourrais-je bien trouver un horaire des marées ?

Le visage de Wittaker s'éclaira :

– Bon. Nous avons une chance. Rendons-nous à l'Amirauté.

Nous nous engouffrâmes dans deux des voitures qui stationnaient devant la maison ; sir Walter partit seul en direction de Scotland Yard, pour « mobiliser Macgillivray », nous dit-il.

Après avoir longé de longs couloirs vides et des bureaux où des femmes de ménage s'affairaient, nous entrâmes dans une petite pièce tapissée de cartes et de livres. L'un des employés de garde fut appelé et prié d'aller nous chercher, dans la bibliothèque, la table des marées de l'Amirauté. Je m'installai devant un bureau – tous les autres autour de moi – car la force des choses avait fait de moi l'âme et le chef de l'expédition.

Rien à tirer de cette table. Elle comportait des centaines d'indications, et, pour autant que j'en pouvais juger, la marée pouvait être haute en cinquante endroits différents à vingt-deux heures dix-sept.

Je pris ma tête entre mes mains pour mieux réfléchir. Il devait y avoir un moyen de trouver le mot de l'énigme. Des *marches*: qu'est-ce que Scudder entendait par là ? L'escalier d'un dock ? Il en aurait mentionné le numéro. Cela devait se rapporter à un endroit où se trouvaient plusieurs escaliers, et l'un d'eux différent des autres parce qu'il comptait trente-neuf marches.

Et si je consultais l'horaire des départs de bateaux ? Non. Après vérification, aucun d'eux ne partait pour le continent à vingt-deux heures dix-sept.

Et pourquoi fallait-il qu'il y eût marée haute ? S'il s'agissait d'un port, c'était assurément un très petit port où la marée prenait de l'importance, ou peut-être même une anse ou une plage dépourvue de port...

Au cas où ce serait un petit port, je ne voyais pas l'importance qu'un escalier pouvait avoir. Je n'avais jamais vu d'escalier dans aucun port. Il fallait donc que ce fût un endroit de la côte où certain escalier avait été identifié, et où la mer était pleine à vingt-deux heures dix-sept.

Allons plus loin. Où diable un homme chargé d'une mission urgente pouvait-il bien s'embarquer secrètement pour l'Allemagne ? Certainement pas dans un grand port. Pas davantage dans un port de la Manche ni dans un port de la côte occidentale de l'Écosse : il ne fallait pas oublier qu'il partait de Londres. Je mesurai la distance sur la carte et m'efforçai de me mettre dans la peau de l'ennemi. À sa place, j'essaierais de me diriger vers Ostende, Anvers ou Rotterdam, et je m'embarquerais quelque part, sur la côte est, entre Cromer et Douvres.

Tout ceci demeurait bien vague, et je n'avais rien d'un Sherlock Holmes. Tout de même, dans les recherches de ce genre, je n'étais pas mauvais, je disposais de quelque instinct.

Puisque j'en étais arrivé à certaines conclusions, je les inscrivis sur une feuille de papier à en-tête de l'Amirauté :

QUASI-CERTITUDES

1° Lieu disposant de plusieurs escaliers ; l'un des escaliers en question compte trente-neuf marches.

2° Marée haute à vingt-deux heures dix-sept. L'embarquement n'est possible qu'à marée haute.

3° Les docks n'étant pas munis d'escaliers, le lieu qui nous intéresse n'est probablement pas un port.

4° Aucun départ régulier de bateau à vingt-deux heures dix-sept. En conséquence, moyens de transport : cargo (peu probable), yacht ou bateau de pêche.

Mon raisonnement s'arrêtait là. J'établis donc une autre liste que j'intitulai : « Hypothèses », mais dont les faits m'inspiraient une certitude aussi grande que les autres :

HYPOTHÈSES

1° Lieu situé sur la côte, mais pas un port.

2° Bateau de petite dimension : yacht, bateau de guerre ou bateau servant à la pêche au filet.

3° Situation du lieu : entre Cromer et Douvres.

Il était tout de même étrange que je fusse assis à ce bureau, entouré d'un ministre, d'un général d'état-major, de deux grands personnages officiels et d'un général français, en train de déchiffrer un secret de vie ou de mort pour nous tous.

Sir Walter nous avait rejoints, puis Macgillivray fit son entrée. Il avait donné des instructions pour qu'on recherchât, dans les ports et les gares de chemin de fer, les trois hommes que j'avais décrits à sir Walter. À vrai dire, ni lui ni personne ne comptait beaucoup sur l'efficacité de la mesure.

– Nous avons, expliquai-je, à trouver un endroit où plusieurs escaliers descendent sur la plage ou sur la grève, l'un de ces escaliers ayant trente-neuf marches. Pour moi, c'est un lieu de la côte surplombé par de hautes falaises, et situé quelque part entre l'estuaire de la Wash et la Manche. Et la mer sera pleine demain soir à cet endroit à vingt-deux heures dix-sept. (Une idée me vint :) N'y aurait-il pas un inspecteur des gardes-côtes, ou quelqu'un de ce genre, qui connaisse bien cette partie du littoral ?

Wittaker affirma qu'il y en avait un, et qu'il habitait à Clapham. Il partit le chercher en voiture et, tandïs que nous l'attendions, groupés dans le petit bureau, chacun parla de tout ce qui lui passait par la tête. J'allumai une pipe et refis, une fois de plus, le tour de la question ; à force de chercher et de chercher, j'avoue que mes facultés mentales commençaient à faiblir.

Vers une heure du matin, l'inspecteur des côtes arriva. C'était un beau vieillard qui avait tout à fait l'allure d'un officier de marine, et que la comparution devant d'aussi grands personnages impressionnait beaucoup. Par déférence, je laissai le ministre de la Guerre l'interroger :

– Pourriez-vous nous citer, sur la côte est, les lieux où il y a des falaises d'une part, et d'autre part, des escaliers descendant vers la mer ?

Il réfléchit pendant quelques instants :

– À quel genre d'escaliers, monsieur, faites-vous allusion ? Il y a énormément de chemins qui coupent des falaises, et la plupart de ces chemins comportent quelques marches. À moins que vous ne songiez à des escaliers ordinaires, tout en marches, si j'ose m'exprimer ainsi ?

Sir Arthur jeta un coup d'œil dans ma direction.

– Il s'agirait en l'occurrence d'escaliers ordinaires, précisai-je.

Il prit encore une minute de réflexion :

– À première vue, je n'en vois pas. Pardon, attendez une seconde : il y a bien une petite bourgade, dans le Norfolk – Brattlesham, à côté d'un terrain de golf, où deux escaliers ont été construits pour permettre aux joueurs de descendre sur la plage pour récupérer les balles perdues...

– Non, ce n'est pas cela, dis-je.

– Si vous pensez aux promenades qui longent la mer, il en existe en quantité. Vous en trouvez dans toutes les plages un peu fréquentées.

Je secouai la tête en signe de dénégation.

– Nous cherchons un endroit beaucoup plus retiré.

– Dans ce cas, messieurs, je ne vois absolument rien ailleurs. Bien entendu, il y a le Ruff...

– Qu'est-ce que c'est que ça ?

– Le grand promontoire crayeux, dans le Kent, tout près de Bradgate. Il y a là de nombreuses villas, et quelques-unes d'entre elles sont flanquées d'escaliers qui mènent à une plage privée. C'est un endroit extrêmement chic, et les privilégiés qui l'habitent ne frayent en général avec personne, sinon entre eux.

J'ouvris la table des marées et j'y trouvai Bradgate. Le 15 juin, la marée haute était à vingt-deux heures dix-sept.

– Nous sommes sur la piste ! m'écriai-je. Mais qui pourrait me renseigner sur l'heure de la marée au pied du Ruff ?

– Moi-même, monsieur. Il m'est arrivé d'y louer une maison, précisément au mois de juin, et j'avais l'habitude de sortir la nuit pour la pêche en haute mer. La marée y est haute dix minutes avant de l'être à Bradgate.

– Eh bien, messieurs, dis-je, si l'un des escaliers a trente-neuf marches, nous aurons résolu le mystère ! Sir Walter, voudriez-vous me prêter votre voiture, ainsi qu'une carte des routes de la région ? Et si M. Macgillivray consent à m'accorder dix minutes, nous pourrions préparer ensemble notre expédition de demain.

Sans doute, il était ridicule de ma part d'assumer la charge d'une pareille affaire, mais nul ne semblait s'en soucier, et après tout, j'y participais depuis le début. En outre, j'étais habitué aux tâches périlleuses, et ces personnages éminents étaient bien trop intelligents pour ne pas en avoir conscience. Ce fut le général Royer qui me donna en quelque sorte mon ordre de mission :

– En ce qui me concerne, dit-il, je suis enchanté de remettre cette affaire entre les mains de M. Hannay.

À trois heures et demie du matin, avec l'homme de confiance de Macgillivray assis à côté de moi, je roulais au clair de lune sur les routes du Kent.

10

On se retrouve
au bord de la mer

Le lendemain matin – une de ces matinées de juin, habillées de rose et de bleu – j'étais à Bradgate, regardant d'une fenêtre de l'hôtel Griffin le bateau-phare posé sur la mer d'huile et qui, de loin, ne paraissait pas plus gros qu'une bouée. À environ trois kilomètres de distance, plus près de la côte, un petit destroyer était ancré. L'assistant de Macgillivray, Scaife, qui avait été dans la marine, connaissait le bateau, son nom et celui de son commandant ; j'envoyai donc un télégramme à sir Walter.

Après le petit déjeuner, Scaife se fit donner par un agent immobilier les clés des grilles des escaliers qui descendaient du Ruff. Tandis qu'il faisait son enquête, escalier par escalier, je m'assis sur le sable, dans un petit recoin de la falaise, ne désirant pas être vu. Mais à cette heure matinale, la plage était déserte, seules les mouettes s'y ébattaient.

L'investigation demanda plus d'une heure, et quand je le vis revenir vers moi, brandissant un bout de papier, je puis vous dire que mon cœur bondit. Car si mon hypothèse se révélait fausse, c'en était fait : nous avions perdu la partie.

Il me lut à haute voix le nombre des marches de chaque escalier :

– Trente-quatre, trente-cinq, trente-neuf, quarante-deux, quarante-sept, et vingt et une, là où la falaise s'abaisse.

Je me retins de pousser un hurlement de triomphe.

Nous nous précipitâmes vers la petite ville et j'envoyai un télégramme à Macgillivray. J'avais besoin d'une demi-douzaine d'hommes, que je répartis dans autant d'hôtels différents. Pendant ce temps, Scaife procédait à l'examen de la villa située en haut des trente-neuf marches.

Il revint avec des nouvelles qui m'intriguèrent et me rassurèrent à la fois. D'après l'agent immobilier, la maison, baptisée Trafalgar Lodge, appartenait à un vieux monsieur répondant au nom d'Appleton et retiré des affaires après avoir exercé la profession d'agent de change. M. Appleton y passait la plus grande partie de l'été ; il était arrivé depuis près d'une semaine. Scaife n'avait pu recueillir que peu de renseignements à son sujet, sinon que c'était un citoyen très respectable, payant régulièrement ce qu'il devait, et toujours à donner quelque chose aux œuvres charitables de la paroisse. Dans le dessein d'inspecter les êtres, Scaife avait sonné à la porte de service en se faisant passer pour un représentant en machines à coudre. Il y avait là trois domestiques : une cuisinière, une femme de chambre et une bonne à tout faire. Tout à fait le genre de personnel qu'on s'attend à trouver chez des gens de bourgeoisie moyenne. Peu bavarde, la cuisinière n'avait pas tardé à lui fermer la porte au nez, mais Scaife était tout à fait convaincu qu'elle n'avait rien à dire. À côté de Trafalgar Lodge se dressait une maison neuve pouvant offrir un bon poste d'observation, et, de l'autre côté, une villa à louer, entourée d'un jardin à l'abandon.

Avant le déjeuner, j'empruntai les jumelles de Scaife, et partis en promenade sur le haut de la falaise puis, à bonne distance de la rangée de villas, je m'installai à l'angle du terrain de golf pour inspecter les alentours. De là, je découvrais parfaitement Trafalgar Lodge, toute en brique rouge et flanquée d'une véranda, le court de tennis, et le jardin où le géranium et la marguerite abondaient. À l'extrémité d'une hampe, le drapeau anglais pendait, comme figé dans l'air calme.

Soudain, quelqu'un sortit de la maison. Je braquai mes jumelles sur cette silhouette qui s'éloignait d'un pas tranquille : c'était un vieux monsieur, habillé d'une veste bleue, d'un pantalon de flanelle blanche, et coiffé d'un chapeau de paille. Un journal sous le bras, des jumelles à la main, il vint s'asseoir sur l'une des chaises de fer disséminées sur la promenade et se mit à lire son journal, qu'il délaissait de temps en temps pour regarder le destroyer à la jumelle. Je le guettai de mon côté pendant une bonne demi-heure, jusqu'à ce qu'il rentrât chez lui pour déjeuner ; je retournai alors à mon hôtel.

Mes espérances faiblissaient. Cette maison confortable et banale ne correspondait pas à ce que je m'attendais à voir. Le bonhomme était peut-être le sinistre collectionneur chauve de la lande écossaise mais il pouvait aussi ne pas l'être. C'était tout à fait le genre de vieux rentier tranquille et satisfait qu'on rencontre partout en vacances. On eût cherché le type accompli du citoyen inoffensif qu'on n'eût pas trouvé mieux.

Mais après le déjeuner, alors que j'étais installé sous le porche de l'hôtel, je tressaillis, car voici qu'apparaissait ce que j'attendais et craignais tant de ne point voir arriver : un yacht en provenance du Sud jetait l'ancre exactement en face du Ruff. Il devait jauger environ cent cinquante tonneaux et le pavillon blanc qu'il arborait montrait qu'il faisait partie de l'escadre. Nous descendîmes aussitôt vers le port, Scaife et moi, et nous louâmes une barque de pêche et un marin pour plusieurs heures.

L'après-midi, très chaud, s'écoula fort paisiblement. Nous prîmes à nous deux une bonne vingtaine de livres de poisson, et le contact avec la mer – si bleue, si scintillante – me rendit un peu d'optimisme. Vers quatre heures, comme nous avions suffisamment pêché, je priai le marin de nous faire faire le tour du yacht qui reposait sur l'eau comme un délicat oiseau blanc tout prêt à prendre sa volée. D'après Scaife, ce devait être un bateau rapide et doté de moteurs puissants.

Sur la casquette de l'un des hommes qui polissaient les cuivres, je pus lire le nom du yacht : l'*Ariane*. J'engageai la conversation avec lui et constatai, en l'écoutant, qu'il avait l'accent doux de l'Essex. Un autre homme qui passait le long de la rambarde m'indiqua l'heure qu'il était dans le plus impeccable anglais. Et tandis que notre marin parlait du temps avec l'un d'eux, nos rames touchèrent l'avant du bateau pendant une minute ou deux.

Soudain, un officier apparut sur le pont : un jeune homme au visage agréable et clair, qui nous demanda en excellent anglais si nous avions fait bonne pêche. Mais il n'y avait pas à s'y tromper : son crâne rasé, la coupe de son col et de sa cravate n'étaient visiblement pas des produits anglais.

Cette constatation me rassura un peu, mais tandis que nous ramions vers Bradgate, le doute me tourmentait tou-

jours. Une chose m'inquiétait par-dessus tout : si mes ennemis, me sachant informé par Scudder, avaient modifié leurs
plans ? Au cours de la nuit précédente, j'avais catégorique-
ment affirmé que les Allemands s'y tenaient toujours, mais si
j'avais réellement éveillé leurs soupçons, ils n'étaient tout de
même pas assez bêtes pour ne pas changer leur fusil
d'épaule.

À l'hôtel, Scaife me présenta au commandant du destroyer avec qui j'échangeai quelques mots. Je décidai ensuite
de consacrer une heure ou deux à une observation serrée de
Trafalgar Lodge.

En haut de la falaise, je dénichai un endroit très propice,
dans le jardin d'une maison vide. De là, j'avais vue sur le
court de tennis où deux joueurs disputaient une partie. L'un
était le vieil homme que j'avais déjà vu, l'autre, beaucoup
plus jeune, portait une écharpe de plusieurs couleurs, celles
de son club sans doute. Ils jouaient avec animation comme
deux citadins acharnés à prendre l'exercice qui leur avait
manqué toute l'année. On ne pouvait pas imaginer de spectacle plus innocent. Ils bondissaient, couraient, sautaient,
criaient, riaient, et ne s'arrêtèrent que pour boire, lorsque la
femme de chambre leur apporta deux chopes sur un plateau. Je me frottai les yeux en me demandant si je n'étais pas
le plus grand imbécile de la terre.

L'obscurité et le mystère avaient enveloppé les hommes
qui me pourchassaient en Écosse – surtout cet infernal
archéologue. Il était cependant logique – et facile – de leur
imputer le meurtre de Scudder et les plus noirs desseins à
l'égard de la paix du monde. Et voilà qu'en ce paisible lieu de
villégiature, je passais mon temps à guetter deux citoyens
occupés à un jeu assez inoffensif, avant d'aller s'asseoir
devant une table bien servie, tout en parlant cricket, tennis,
marchés, prix, et menus potins. J'avais tendu le filet pour
attraper vautours et faucons, et je n'avais pris que deux gros
moineaux !

Une troisième silhouette entra en scène : celle d'un jeune
homme monté sur une bicyclette et portant sur le dos un sac
de clubs de golf. Pendant qu'il faisait le tour du court, il fut
accueilli avec force démonstrations par les deux joueurs.
Visiblement, ils le taquinaient, et cette taquinerie rendait un
son terriblement anglais. Le gros homme, qui s'essuyait le

116

front avec un mouchoir de soie, annonça qu'il allait prendre une douche. Je l'entendis dire :

– Je suis en nage, ce qui signifie que je serai demain léger comme une plume, et que je vous infligerai une de ces raclées, mon cher Bob !

Quoi de plus anglais que cette réflexion ?

En les voyant rentrer dans la maison, je me sentis le pire des idiots. J'avais misé sur le mauvais cheval, c'était tout à fait évident. Bien sûr, ils pouvaient jouer la comédie, mais devant quel public ? Ils ignoraient que j'étais assis à quinze mètres, sous un rhododendron. Il eût été fou de penser que ces gens qui s'en donnaient à cœur joie étaient tout autre chose que ce qu'ils paraissaient être : trois Anglais ordinaires, pas très malins, mais en tout cas absolument innocents.

Et pourtant, et pourtant, ils étaient trois ; l'un était gros, l'autre était vieux, et le troisième était mince et brun, leur maison correspondait aux notes de Scudder, et à un kilomètre de distance un yacht se balançait sur l'eau, abritant au moins un officier allemand. Je songeai à Karolidès, étendu sur son lit de mort, à l'Europe, à l'approche d'un cataclysme, aux personnages qui à Londres attendaient anxieusement la suite des événements. Si *la Pierre Noire* devait réussir, c'était cette nuit de juin qui marquerait son triomphe...

Il n'y avait plus qu'une chose à faire : aller de l'avant en oubliant mes doutes, et si je devais me ridiculiser, le faire tout au moins avec grâce. J'étais véritablement au supplice : jamais tâche ne m'était apparue plus étrangère à ma nature. J'aurais réellement mieux aimé charger un lion avec un revolver-joujou que pénétrer dans la maison de ces trois Anglais si heureux de vivre en leur disant : « Fini de jouer ! »

Comme ils allaient se moquer de moi !

Mais brusquement, ce que m'avait dit en Rhodésie le vieux Peter Pienaar me revint en mémoire. Peter était le meilleur limier que j'aie jamais connu, et avant de tourner à l'homme respectable, il s'était bien souvent trouvé en difficulté avec la loi. Un jour que nous parlions de la question des déguisements, il m'exposa une théorie qui me parut frappante. Selon lui, hormis les certitudes absolues données par exemple par les empreintes digitales, les traits physiques ne pouvaient guère servir à l'identification des suspects, quand ceux-ci connaissaient leur affaire. Il tournait en dérision les cheveux teints, les fausses barbes et autres niaiseries enfantines. La seule chose qui importe, disait-il, c'est l'« atmosphère ». L'homme qui s'insinuerait dans un milieu tout à fait différent de celui où il a été repéré, et qui – c'est cela l'important – s'adapterait à ce milieu comme s'il en avait toujours fait partie, cet homme-là dérouterait les détectives les plus habiles de la terre. Pour appuyer ses dires, il me conta l'histoire suivante : un jour, il avait emprunté une redingote noire, s'était rendu à l'église, et avait suivi l'office en partageant le livre des psaumes et en chantant avec le policier qui le recherchait. Si le policier qui le cherchait l'avait vu auparavant en pieuse compagnie, il l'aurait reconnu, mais il n'avait eu l'occasion de le voir que dans un cabaret de bas étage, en train d'éteindre les lumières à coups de revolver.

Et si ces gens-là agissaient selon les principes de Peter ? Un imbécile essaie de changer d'apparence ; un homme intelligent garde son apparence mais *est* différent. À première vue, cela paraît une banalité, mais d'après mon ami Peter, c'était le grand secret des criminels célèbres.

Comme il était bientôt huit heures, je retournai à l'hôtel pour une ultime conférence avec Scaife. Je lui indiquai où et comment placer ses hommes et partis faire un peu de marche à pied, car je n'avais aucune envie de dîner. Je fis le tour du terrain de golf et longeai le nord de la falaise, bien au-delà de la rangée de villas. Raquettes sous le bras, sacs de plage à l'épaule, les estivants rentraient chez eux. Et sur la mer, dans le crépuscule bleuissant, l'*Ariane* et le destroyer allumaient leurs lumières tandis qu'au loin les gros bateaux se dirigeaient vers la Tamise. Ce spectacle si quotidien et si paisible ne faisait que renforcer mes doutes, et, vers neuf heures et demie, j'eus besoin de faire un grand effort de volonté pour prendre le chemin de Trafalgar Lodge.

En route, la vue d'un lévrier qui trottait derrière une jeune fille me remonta sérieusement le moral. Il me rappelait un chien que j'avais eu en Rhodésie, au temps où je chassais sur les monts Pali. Nous poursuivions alors une antilope à robe beige, mon chien et moi, et brusquement, nous perdîmes la trace de la bête. Un lévrier chasse non point au flair mais à la vue, j'ai moi-même de fort bons yeux, et pourtant, d'une seconde à l'autre, l'animal s'était effacé du paysage. C'est plus tard que je compris pourquoi. La robe de l'antilope était de la couleur de la roche de la montagne : elle n'avait pas besoin de s'enfuir, il lui suffisait de rester immobile pour se fondre dans le paysage.

Ce principe pouvait s'appliquer au cas présent. Pour réussir, *la Pierre Noire* n'avait pas à se dissimuler ; ce qu'elle pouvait faire de mieux, c'était de se laisser absorber par l'environnement et de s'y perdre. Peter Pienaar était un sage.

Les hommes de Scaife devaient être à leur poste mais parfaitement dissimulés. La maison se laissait observer aussi facilement qu'une place de marché. Une barrière d'environ un mètre de haut la séparait de la route, les fenêtres du rez-de-chaussée étaient grandes ouvertes, les lampes allumées, le bruit des voix désignait la pièce où les occupants finissaient de dîner. Me sentant complètement ridicule, j'ouvris la porte de la barrière et pressai le bouton de la sonnette.

Un homme de mon espèce, qui a pas mal bourlingué à travers le monde et dans les lieux les plus sauvages, peut parfaitement s'entendre avec deux classes sociales, celles qu'on désigne sous le nom de classe supérieure et classe inférieure. Il les comprend et il en est compris. J'étais chez moi au milieu des bergers, des chemineaux et des casseurs de pierres, et je me sentais également tout à fait à mon aise avec sir Walter et les grands personnages que j'avais rencontrés la nuit précédente. Je ne saurais pas dire pourquoi, c'est ainsi. Mais ce que les gens de ma sorte ne comprennent pas, c'est la classe moyenne, satisfaite, amoureuse de son confort, qui vit dans les villas de banlieue. Ils ignorent sa façon de voir les choses, ils ne comprennent pas ses conventions, ils sont aussi désemparés devant elle qu'en face d'un serpent à sonnettes. Lorsqu'une élégante femme de chambre vint m'ouvrir la porte, je commençai par bredouiller un peu. Finalement, je demandai à voir M. Appleton, et elle me fit entrer. J'avais l'intention d'aller tout droit vers la salle à manger et d'éveiller dans les yeux des hommes qui se trouvaient là cette lueur de reconnaissance qui confirmerait ma théorie. Mais dès que je fus dans ce hall si bien astiqué, je fus totalement pris par l'atmosphère. Il y avait là les clubs de golf, les raquettes de tennis, les chapeaux de paille, les casquettes et les gants qu'on s'attend à trouver dans des milliers de foyers britanniques. Une pile de pardessus et d'imperméables très bien pliés était entassée sur une vieille commode de chêne ; le tic-tac d'une pendule ancienne se faisait entendre, une bassinoire de cuivre, un baromètre et des gravures de chasse étaient pendus aux murs. La femme de chambre me demanda mon nom, que je donnai machinalement, et me fit traverser le fumoir, à droite du hall.

Je n'eus guère le temps d'inspecter ce fumoir, mais j'eus bien l'impression qu'il était plus caractéristique encore : des photographies encadrées étaient fixées au-dessus de la cheminée, j'aurais juré qu'elles représentaient des groupes de collégiens anglais. Je m'étais promis d'entrer dans la salle à manger sur les talons de la femme de chambre, mais je m'y pris trop tard. Elle m'avait déjà annoncé à son maître, et je manquai l'occasion de voir comment les trois hommes prenaient la chose.

Le vieil homme assis au bout de la table se leva, s'avança vers moi. Il portait un smoking et une cravate noire, de même que celui que j'appelais « le gros », faute de pouvoir l'appeler autrement. Le troisième – le brun – était vêtu d'un costume de serge bleu marine à col mou, et portait la cravate rayée d'un club ou d'une école.

En vérité, les manières du vieil homme étaient parfaites.

– Monsieur Hannay ? fit-il en hésitant. Vous désirez me voir ?... Excusez-moi pendant quelques minutes, mes amis. Je vais recevoir ce monsieur dans le fumoir.

Bien que je fusse totalement dépourvu de confiance en moi, je m'obligeai à jouer le jeu. Je pris une chaise et m'y installai.

– Je pense, dis-je, que nous nous sommes déjà rencontrés, et j'imagine que vous connaissez le but de ma visite.

La pièce était peu éclairée, mais dans la mesure où je distinguais leurs visages, je pus constater qu'ils jouaient fort bien leur rôle de gens mystifiés.

– Cela se peut, cela se peut, articula le vieillard, je n'ai pas une très bonne mémoire, mais je vous serais obligé de m'informer du but de cette visite car je n'en ai vraiment aucune idée.

– Fort bien, dis-je à mon tour, mais avec l'impression de débiter une sottise, je suis venu vous dire que c'est fini de jouer. Je suis chargé de vous arrêter tous les trois.

– Nous arrêter ! s'exclama le vieillard, et réellement, il avait l'air scandalisé. Nous arrêter ! Pourquoi, grand Dieu ?

– Pour le meurtre de Franklin Scudder, à Londres, le 23 du mois dernier.

– C'est bien la première fois que j'entends prononcer ce nom ! dit-il, sur le ton de la stupéfaction la plus profonde.

L'un des deux autres prit la parole :

– Il s'agit du meurtre de Portland Place. J'en ai lu le détail dans les journaux. Mais, juste ciel, vous êtes fou, monsieur ! D'où venez-vous ?

– De Scotland Yard.

Il y eut un long moment de silence. Le vieil homme regardait son assiette, y faisait rouler une noix : le type achevé de l'innocence abasourdie.

Ce fut au tour du gros de parler. Il faisait des pauses en parlant, comme quelqu'un qui cherche ses mots :

– Mon oncle, ne vous affolez pas. Il s'agit là d'une ridicule erreur, mais ce sont des choses qui arrivent. Il sera tout à fait facile de démontrer notre innocence. Je puis prouver que j'étais à l'étranger le 23 mai et que Bob était en clinique. Certes, vous étiez à Londres, mais vous pouvez parfaitement expliquer ce que vous y faisiez.

– Voilà qui est juste, Percy ! Sans aucun doute, tout cela est facile. Le 23 ! Voyons, mais c'était le lendemain du mariage d'Agatha ! Attendez, attendez... Qu'est-ce que j'ai fait ? Je suis arrivé le matin de Woking, et j'ai déjeuné au club avec Charlie Symons. Ensuite... Oh ! oui, j'ai dîné avec les Fishmonger. Je m'en souviens, car le punch ne m'a pas réussi, et le lendemain matin, je n'étais pas dans mon assiette. Tenez, voilà même la boîte de cigares que j'ai rapportée après le dîner.

Il désigna une boîte qui se trouvait sur la table, et partit d'un petit rire nerveux.

– Je pense, monsieur, dit le plus jeune, s'adressant poliment à moi, que vous voyez que vous vous êtes trompé. Nous ne demandons qu'à collaborer avec la justice, comme tous les Anglais, et serions désolés de voir Scotland Yard se ridiculiser. N'est-ce pas, mon oncle ?

– Mais certainement, Bob. (Le vieux monsieur retrouvait sa voix.) Certainement, nous ferons tout ce qui est en notre pouvoir pour assister les autorités. Mais... mais j'avoue que c'est un peu fort. Je n'en reviens pas.

– C'est Nellie qui va s'amuser ! s'écria le gros. Elle qui prétend que vous périrez d'ennui parce que rien ne vous arrive jamais ! Eh bien, maintenant, vous êtes servi !

Ceci suivi d'un franc éclat de rire.

– Ma foi oui ! Quelle histoire à raconter au club ! Franchement, monsieur Hannay, je devrais me mettre en colère, mais tout cela est trop drôle ! J'en suis presque à vous pardonner de m'avoir fait si peur. Vous aviez l'air tellement sinistre que j'ai cru une seconde qu'au cours d'une crise de somnambulisme il m'était arrivé de tuer quelqu'un !

Ce n'était pas de la comédie, c'était l'accent de la sincérité la plus authentique, la plus pure. Ma première impulsion fut de leur présenter mes excuses et de m'en aller. Mais à la réflexion, je songeai qu'il fallait complètement tirer la chose au clair, quitte à être la risée du pays. La pièce n'était éclairée que par les chandeliers posés sur la table ; afin de cacher ma confusion, je me levai et tournai le commutateur électrique. La lumière soudaine leur fit cligner des yeux, mais me permit, à moi, de scruter ces trois faces.

Je ne tirai rien de cet examen. L'un des hommes était vieux et chauve, l'autre était gros, le troisième était brun et mince. Rien dans leur apparence n'empêchait qu'ils ne fussent ceux qui m'avaient poursuivi en Écosse, mais rien non plus ne permettait de les identifier. Je n'arrivais pas à comprendre comment j'avais pu regarder deux paires d'yeux quand j'étais déguisé en casseur de pierres, comment j'en avais regardé une autre paire quand je prétendais être Ned Ainslie, ni comment moi enfin, qui me flatte d'être observateur et de posséder une bonne mémoire, n'arrivais à trouver aucun indice révélateur. Ces gens semblaient exactement ce qu'ils affirmaient être, et pourtant, je ne me serais porté garant d'aucun d'entre eux.

Ici, dans cette salle à manger confortable, ornée de gravures et d'un portrait de vieille dame trônant au-dessus de la cheminée, je ne trouvais absolument rien qui pût les associer aux desperados du plateau perdu dans les bruyères. Je pouvais lire, d'après les caractères gravés sur un étui à cigarettes en argent placé à côté de moi, que cet étui avait été gagné par Percival Appleton Esq., membre du club de Saint-Bede, à l'issue d'un tournoi de golf. En vérité, c'est à force de me cramponner à la sagesse de Peter Pienaar que je réussis à ne pas quitter la maison, avec des excuses.

– Alors, dit affablement le plus vieux, êtes-vous rassuré, à présent ? (Je restai muet : je n'arrivais pas à placer un mot.) J'imagine qu'il est désormais de votre devoir de renoncer à cette affaire ridicule. Je veux bien ne pas porter plainte, mais

122

vous voyez vous-même qu'elle est infiniment désagréable pour des gens respectables.

Je secouai la tête.

– Ma parole, s'écria le plus jeune, cela devient tout de même un petit peu fort !

– Si vous voulez que nous allions tous ensemble au commissariat de police, proposa le plus gros, ce serait peut-être le meilleur moyen de tout éclaircir, mais j'imagine que la police locale ne vous suffira pas. J'aurais le droit de vous prier d'exhiber vos papiers, mais je ne veux commettre aucun acte d'hostilité à votre égard. Vous faites votre métier. Très bien. Mais vous admettrez tout de même qu'une telle démarche est infiniment maladroite. Qu'est-ce que vous proposez ?

Ou bien j'appelais mes hommes et je faisais arrêter les trois lascars, ou j'avouais mon erreur et je quittais les lieux. Pendant quelques instants, je dois le dire, je fus tenté d'adopter la seconde solution.

– En attendant, moi, je vous propose de faire une partie de bridge ! s'écria le gros. Cela donnera à M. Hannay le temps de réfléchir, et d'ailleurs nous avions besoin d'un quatrième joueur. Vous jouez au bridge ?

J'acceptai, comme si j'étais invité au club à faire une partie. Une table de jeu fut installée dans le fumoir, où je me vis offrir de quoi boire et de quoi fumer. Je croyais rêver. Par la fenêtre ouverte, je voyais la falaise se découper sur la mer qui brillait d'une vive lumière argentée. Les trois hommes avaient retrouvé leur aplomb et plaisantaient entre eux comme si de rien n'était. Mon embarras, qui ne leur avait pas échappé, les mettait d'autant plus à l'aise. Je ne cessais de les regarder à la dérobée, et je ne décelais toujours rien. Ne sachant que faire, je m'accrochai encore plus désespérément aux principes de Peter Pienaar.

Et brusquement, un détail attira mon attention.

Le vieil homme voulut allumer un cigare. Au lieu de le prendre immédiatement, il s'inclina pendant quelques instants sur le dossier de sa chaise en tapotant son genou du bout des doigts.

Ce même mouvement, il l'avait effectué dans sa maison d'Écosse, quand j'étais debout devant lui, et que je sentais les pistolets de ses domestiques me frôler les oreilles.

Un geste infime, qui n'avait duré qu'une seconde, et que j'aurais eu toutes les chances de manquer si j'avais eu les yeux fixés sur mes cartes. Le temps d'un éclair, il n'en fallut pas plus pour qu'un voile se déchire, que la lumière se fasse dans mon esprit et que je reconnaisse les trois hommes qui m'entouraient.

Sur la cheminée, la pendule sonna dix heures.

Les trois visages que j'avais sous les yeux révélaient leurs secrets. Le meurtrier, c'était le plus jeune. Là où je n'avais cru voir que bonne humeur, la cruauté apparaissait. C'était bel et bien son poignard qui avait cloué Scudder au plancher. Et la balle qui avait tué Karolidès avait été tirée par l'un de ses pareils.

Sous mon regard, les traits du gros s'effaçaient, se décomposaient et se reformaient. Ce visage-là n'était pas un visage, mais cent masques divers dont il disposait à son gré. Quel magnifique acteur ! C'était peut-être lui qui avait joué le rôle de lord Alloa la nuit dernière, et lui aussi peut-être qui avait suivi Scudder pas à pas ; Scudder disait qu'il bégayait, et Dieu sait ce que l'adoption d'un bégaiement peut ajouter à l'épouvante lorsqu'elle est déjà installée.

Quant au vieil homme, ah ! là, c'était le fleuron de la couronne. C'était l'intelligence à l'état pur, l'intelligence glaciale, calculatrice, aussi indifférente à tout qu'un marteau-pilon. Comment diable avais-je pu voir de la bonté sur cette face impitoyable ? N'avais-je donc point examiné cette mâchoire d'acier, et vu dans ces yeux cet éclat inhumain qu'ont les yeux de l'oiseau ? Tout en maniant les cartes – car la partie se poursuivait – je sentais la haine, une haine explosive, me gonfler le cœur. À tel point que j'étais incapable de proférer un mot. Non, cela ne pouvait pas durer plus longtemps.

– Oh ! Bob ! regardez l'heure qu'il est ! s'exclama le vieil homme. N'oubliez pas que vous avez un train à prendre ! (Il se tourna vers moi.) Il doit partir cette nuit pour Londres.

Seigneur, comme cette voix sonnait faux !

Je regardai la pendule : il n'était pas loin de dix heures et demie.

– Je crains fort qu'il ne soit obligé d'ajourner son voyage, répliquai-je très calmement.

– Ah ! en voilà assez ! s'écria le jeune homme. Je croyais que vous étiez calmé. Il faut absolument que je parte. Je peux vous donner mon adresse, et toutes les garanties que vous voudrez !

– Non, dis-je. Vous allez rester ici.

À cet instant, ils comprirent sans doute que la partie était perdue. Ils avaient espéré me convaincre que je faisais fausse route, et cet espoir s'évanouissait. Le vieil homme s'entêta tout de même :

– Je vais aller cautionner mon neveu, je verserai ce qu'il faudra. Voilà qui doit vous satisfaire, monsieur Hannay ?

Était-ce une illusion ? Y avait-il réellement de la menace dans sa voix ?

Il faut le croire, car je vis ses paupières littéralement encapuchonner ses yeux, à la façon d'un oiseau de proie, et cette vision était restée gravée dans ma mémoire.

Je donnai un coup de sifflet.

En un instant, les lumières s'éteignirent. Deux bras puissants me ceinturaient, couvrant les poches qui pouvaient normalement contenir un revolver.

– *Schnell, Franz !* hurla une voix. *Das Boot, das Boot !*

Au même instant, je vis accourir deux de mes hommes sur la pelouse éclairée par la lune.

Avant qu'une main eût pu le saisir, le jeune homme brun avait sauté par la fenêtre et enjambé la barrière. Tandis que je maîtrisais le vieux, la pièce se remplissait de nouveaux arrivants, et l'un d'eux empoignait le gros, mais je n'avais d'yeux que pour l'extérieur où Franz, bondissant sur la route, se précipitait vers la grille de l'escalier. Un homme le poursuivait, mais sans aucune chance de le rattraper. La grille se referma derrière le fugitif. Je gardai les mains serrées autour de la gorge du vieux pendant tout le temps qu'il fallait à un homme pour descendre les marches qui menaient à la mer.

Soudain, me faisant lâcher prise, mon prisonnier alla se jeter contre le mur. J'entendis un déclic, comme celui d'un levier qu'on tire. Et puis un roulement de tonnerre souterrain, presque aussitôt suivi d'un nuage de poussière crayeuse s'élevant au-dessus de l'escalier.

Quelqu'un tourna le commutateur. Lumière.

Le vieux me regardait avec des yeux incandescents.

– Il est sauvé ! s'écria-t-il. Vous ne pourrez plus le rattraper !... Il est parti... Il a gagné ! *Der schwarze Stein ist in der Siegeskrone*...

Dans ces yeux-là, il y avait beaucoup plus que le sentiment du triomphe. L'orgueil les faisait étinceler. Le fanatisme y brûlait, et je compris pour la première fois que je m'étais attaqué à ce qu'il y a de plus terrible au monde. Cet homme était autre chose et plus qu'un espion ; c'était, à sa manière, un patriote.

Quand les menottes furent attachées à ses poignets, je lui fis mes adieux :

– J'espère que Franz saura supporter son triomphe. Je dois vous dire que, depuis une heure, l'*Ariane* était entre nos mains.

Sept semaines plus tard, comme chacun sait, nous entrions en guerre. Je rejoignis mon corps dès les premiers jours, et grâce à mon expérience au Matabélé je fus nommé d'emblée capitaine. Mais le meilleur de mes exploits, je crois que je l'avais accompli avant de revêtir l'uniforme kaki.

Arthur Machen
Le grand dieu Pan

Félicien Marceau
Le voyage de noce de
Figaro

Guy de Maupassant
Le Horla
Boule de Suif
Une partie de campagne
La maison Tellier
Une vie*

Prosper Mérimée
Carmen
Mateo Falcone

Molière
Dom Juan

Alberto Moravia
Le mépris

Alfred de Musset
Les caprices de Marianne
Mimi Pinson*

Gérard de Nerval
Aurélia

Ovide
L'art d'aimer

Charles Perrault
Contes de ma mère l'Oye

Platon
Le banquet

Edgar Allan Poe
Double assassinat dans la
rue Morgue
Le scarabée d'or

Alexandre Pouchkine
La fille du capitaine
La dame de pique

Abbé Prévost
Manon Lescaut

Ellery Queen
Le char de Phaéton
La course au trésor

Raymond Radiguet
Le diable au corps

Vincent Ravalec
Du pain pour les pauvres*

Jean Ray
Harry Dickson
- Le châtiment des Foyle
- Les étoiles de la mort
- Le fauteuil 27
- La terrible nuit du Zoo
- Le temple de fer*

Jules Renard
Poil de Carotte

Arthur Rimbaud
Le bateau ivre

Edmond Rostand
Cyrano de Bergerac*

Marquis de Sade
Le président mystifié

George Sand
La mare au diable

Erich Segal
Love Story

William Shakespeare
Roméo et Juliette
Hamlet
Othello*

Sophocle
Œdipe roi

Stendhal
L'abbesse de Castro*

**Robert Louis
Stevenson**
Olalla des Montagnes

Léon Tolstoï
Hadji Mourad

Ivan Tourgueniev
Premier amour

Henri Troyat
La neige en deuil
Le geste d'Eve
La pierre, la feuille et
les ciseaux
La rouquine*

Albert t'Serstevens
L'or du Cristobal
Taïa

Paul Verlaine
Poèmes saturniens
suivi des Fêtes galantes

Jules Verne
Les cinq cents millions
de la Bégum
Les forceurs de blocus

Voltaire
Candide
Zadig ou la Destinée

Emile Zola
La mort d'Olivier
Bécaille

* Titres à paraître

Achevé d'imprimer en Europe
à Pössneck (Thuringe, Allemagne)
en janvier 1996
pour le compte de EJL
27, rue Cassette 75006 Paris

Dépôt légal janvier 1996

Diffusion France et étranger
Flammarion